Écrivain, journaliste cofondateur d'*Actuel*, Patrick Rambaud a publié sous son nom une quarantaine de livres, auxquels s'ajoutent cinquante autres en qualité de « nègre ». Passionné d'histoire, il s'est faire connaître par ses romans autour de Napoléon : *La Bataille* (Prix Goncourt et Grand prix du roman de l'Académie française, en 1997), *Il neigeait* et *L'Absent*.

Depuis 2007, à la manière de Saint-Simon, Patrick Rambaud s'est érigé en chroniqueur de cour. Après avoir relaté les tribulations du règne de « Nicolas Ier », puis l'avènement de « François le Petit », son dernier ouvrage s'attelle à « Emmanuel Le Magnifique ».

En 2008 il est élu membre de L'académie Goncourt.

Patrick Rambaud

LE ROMAN DU CANARD

Éditions du Seuil

Cette édition est extraite de l'ouvrage
Le Canard enchaîné, 101 ans
Un siècle d'articles et de dessins,
publié par les Éditions du Seuil

ISBN 978-2-7578-8011-1
(ISBN 978-2-02-136971-7, 1re publication)

Comment cuisiner un canard aux petits oignons

C'était un soir de juin, à la fête annuelle et parisienne du *Canard enchaîné*, dans les jardins de la Maison de l'Amérique latine qui ressemblaient à ceux de Matignon. Mes amis et les proches du journal se retrouvaient, se saluaient, circulaient entre les buffets, un verre à la main et les joues gonflées de petits fours. Des malins cherchaient à deviner, parmi les messieurs en costume, lesquels servaient d'informateurs dans tel ou tel ministère. Je disais bonsoir à mon ami Érik, le rédacteur en chef, quand, avec un air mystérieux, il me souffla à voix basse dans le brouhaha :

– J'ai quelque chose à te dire.

– Je t'écoute.

– Pas ici…

Il me poussa à l'intérieur dans un salon encore vide, avec des allures de conspirateur comme il sied aux gens du *Canard* :

– Voilà… Nous voulions te demander quelque chose…

– Demande.

– Tu sais que *Le Canard* va avoir cent ans et qu'à cette occasion nous espérons sortir un gros album…

– Je m'en doute. Une sorte d'anthologie.

– Oui mais à côté d'une profusion de dessins et d'articles, il nous manque un texte historique pour brosser notre histoire.

– C'est la moindre des choses…

– Mais nous ne pouvons pas mobiliser des journalistes pour ce travail. Il y a le journal à sortir tous les mercredis, en plus de la contribution de chacun à la confection de l'album.

– Je vois. Tu as pensé qu'un historique, ce serait dans mes cordes. Et puis, *Le Canard*, je suis à la fois dehors et dedans par mes amitiés anciennes ; j'y ai déjà collaboré à l'occasion, sans être vraiment à l'intérieur.

– Tu as tout compris. Alors ?

– Alors quoi ?

– Est-ce que tu acceptes de nous écrire un texte historique ?

– Pourquoi pas…

– Bien sûr, nos archives te sont ouvertes…

– Heureusement !

– C'est oui ?

– Laisse-moi le temps d'y réfléchir.

– Si tu veux, mais vite.

Nous décidons ce soir-là de nous revoir la semaine suivante avec Michel, le directeur de la publication, pour définir les modalités de mon éventuelle participation à l'album du centenaire. Nous nous retrouvons donc le lundi au premier étage d'un bistrot feutré, en face de l'hebdomadaire mais loin des indiscrétions, devant une tasse de café. Je commençai :

– J'ai réfléchi à votre souhait. Voilà, je crois pouvoir vous pondre un texte de deux cents feuillets sur l'histoire complète du *Canard*.

– Depuis la guerre de 14 jusqu'à aujourd'hui ?

– Aujourd'hui, je vous le laisse. Je me limiterai au passé, lointain ou proche…

– Et ça te prendrait combien de temps ? demanda Érik.

– Si j'ai toute la documentation ou presque, disons quatre mois.

– C'est jouable, dit Michel.

– Tu pourrais commencer quand ? s'inquiétait tout de même Érik.

– Là, je termine un livre, que je dois rendre en novembre. Je pourrais commencer en décembre.

– Okay, dit Michel.

– Mais je m'arrête avant Sarkozy.

– Occupe-toi des morts…

Mes petits camarades savaient ce que j'écrivais à ce moment. Ils me comprenaient donc. En 2007, quand Sarkozy avait été élu, je m'étais dit qu'il fallait réagir. Comment ? J'ai songé à la satire. J'ai aussitôt pensé à *La Cour*, ce feuilleton signé André Ribaud qui paraissait chaque semaine dans *Le Canard* des années soixante. Ribaud, autrement dit Roger Fressoz, y montrait la cour du président de Gaulle comme celle du Roi-Soleil, avec ses intrigues et ses petits marquis, sur un ton imité de Saint-Simon. J'avais proposé l'idée au comité de lecture de Grasset, auquel j'appartenais alors. Ils me dirent tous : « Vas-y ! » malgré mes réticences. Ce qui amusait en 1960 pouvait-il s'accorder à nos temps modernes ? Je doutai mais on m'encouragea. J'écrivis donc *Chronique du règne de Nicolas Ier* pour raconter les débuts de Sarkozy à l'Élysée, c'est-à-dire au Château. Non seulement le livre cartonna en janvier 2008, mais des lecteurs m'arrêtaient dans la rue pour me demander la suite, ce que je n'avais jamais imaginé :

– Dites donc, vous avez arrêté votre *Chronique* avant la visite désopilante de Kadhafi à Paris, quand il a planté sa tente berbère en face de l'Élysée. C'est dommage.

– Eh oui, c'est dommage.

– Faudrait que vous nous donniez la suite…

Ainsi bousculé par de nombreux lecteurs, j'ai écrit la suite de cette lamentable odyssée. Il y avait de la matière que je devais exploiter, je m'y suis collé. De volume en volume se dessina l'histoire d'un règne, puis d'un autre, celui de François le Petit, moins exaltant mais assez grotesque. Je publiais chaque mois de janvier, avec une régularité d'almanach. Je ne pouvais pas traiter deux fois les mêmes affaires, la première pour moi et l'autre pour *Le Canard.* J'ai préféré rester au projet que Michel Gaillard avait approuvé en me disant « Occupe-toi des morts ». Et je me cantonnai à l'historique du journal, depuis 1915 et les débuts artisanaux, en appartement, jusqu'à la fin des années soixante-dix, me contentant d'évoquer plus brièvement la suite.

Je lisais tous les journaux tous les jours, pour dénicher ma pitance y traquant les bévues et les dérapages, m'attardant sur les détails que la plupart n'avaient pas retenus. Je vous livre un exemple, pendant la dernière campagne présidentielle : l'affaire Fillon. On connaît le rôle déclencheur du *Canard enchaîné*, qui nous révéla les turpitudes de cet homme qui avait jusque-là posé en moraliste. Le reste de la presse s'empara des révélations du *Canard*, lesquelles paraissaient chaque semaine avec de nouveaux détails. Qui avait lancé les limiers du *Canard* sur ces pistes ? Sarkozy n'aurait-il pas dit : « Allez voir du côté des assistants parlementaires de M. Fillon » ? Pas la peine. Il suffisait mécaniquement de tirer un fil et puis un autre, pour savoir le salaire indu de Pénélope Fillon. Et les costumes de chez Arnys, taillés sur mesure et offerts à l'ancien Premier ministre pour battre les estrades ? Le généreux donateur ne fut pas difficile à débusquer. Il s'agissait de M. Robert Bourgi, avocat, homme d'affaires interlopes qui faisait le lien entre l'Afrique et l'Élysée, chargé de lourdes valises de banquenotes, un vestige de ce qu'on nommait encore la Françafrique, un ami d'Omar Bongo qu'il appelait papa. M. Fillon avait reçu plus de 48 500 euros de cadeaux qui rénovèrent sa garde-robe. Cela était maintenant publié partout, mais *Le Canard* y ajouta un détail inédit, dont il n'y eut pas d'écho, et que je ramassai pour nourrir un passage de mon neuvième volume, *Emmanuel le Magnifique* : devant l'indignation du public, M. Fillon se résolut à rapporter les costumes incriminés à leur donateur. M. Bourgi se rendit à l'office anticorruption de Nanterre et y déposa une housse. Les policiers qui l'ouvrirent n'y trouvèrent point les trois costumes neufs mais, à leur place, un pantalon, un blazer et deux costumes sans étiquette de marque qui avaient séjourné dans les penderies de M. Fillon, depuis des mois. Un dernier mensonge s'ajoutait aux mensonges : le candidat était cuit.

À ces précisions, vous comprenez maintenant que je ne pouvais écrire deux fois la même chose.

Dans le texte que vous allez lire, j'ai toujours essayé de livrer, autant que possible, le point de vue du *Canard* sur lui-même. Ce n'était pas une rude affaire car nos avis ont rarement divergé, sauf une fois, en 1970, à propos de la mort de Robert Boulin qu'on retrouva noyé, disait-on, dans les soixante centimètres d'eau de l'Étang-Rompu, près de Montfort-L'Amaury. *Le Canard* tenait à la version officielle du suicide à laquelle je n'ai jamais cru. J'ai adopté dans mon texte la version du *Canard* puisqu'en fin de compte je racontai son histoire et parlai en son nom. Cette vieille divergence avait d'ailleurs fini en plaisanterie au fil des ans.

Il est temps de lever le rideau après ce préambule. Nous voici à Paris, au début de la Grande Guerre …

P. R.

1

L’envol du Canard

Première carte de vœux du *Canard* dessinée par Lucien Laforge.

Maurice Maréchal c'était Porthos : même taille, même carrure, même ventre, même moustache qui lui barrait la lèvre. Du mousquetaire il avait l'appétit, savait trancher une volaille et lever le cruchon, mais il bataillait avec des phrases imprimées, trop discret pour défiler en braillant sous une banderole, trop convenable d'allure avec ses costumes sombres qui l'habillaient en dimanche comme un artisan des faubourgs. Ses amis l'appelaient « le Géant » ou « l'Ogre ». Anarchiste de cœur, de colère et de mots, il donnait des textes rageurs mais anonymes à des feuilles littéraires ou politiques dont les titres vous giflaient comme des slogans, *Le Bonnet Rouge*, *La Guerre sociale* de Gustave Hervé, un prof d'histoire radié devenu propagandiste de la révolution ; ce Breton, qui avait signé « Un sans-patrie » ses libelles antimilitaristes du *Pioupiou de l'Yonne*, était le petit-fils d'un confectionneur de drapeaux mais il supportait mal le tricolore et ses ennemis le surnommaient « le bougre antipatriote à petite barbiche ». Maréchal aimait la force d'Hervé, quand il prenait la défense des Marocains en rébellion ou, dénonçant la guerre qu'il sentait venir en

Europe, appelait à la grève générale en cas de mobilisation.

À côté des brûlots auxquels il collaborait, Maréchal avait, pour vivre, trouvé un emploi régulier au *Matin*, le journal à fort tirage du tout-puissant Bunau-Varilla, un patron de presse à la mine avantageuse qui répétait, les pieds sur son bureau à la mode américaine : « Mon fauteuil vaut trois trônes. » Que faisait donc Maréchal dans ce périodique aux antipodes de ses idées ? La météo. À l'époque, aucun office national ne prévoyait le soleil ou la pluie à venir, alors, tous les soirs, notre journaliste grimpait sur les toits de l'immeuble sang de bœuf du boulevard Poissonnière, il regardait le ciel puis redescendait expliquer au secrétaire de rédaction le temps qu'il ferait probablement le lendemain. Maréchal s'inspirait de son enfance à Château-Chinon où son père inspectait les forêts, lorsque les vieux paysans annonçaient, en regardant tournicoter des fourmis autour d'un caillou : « Houla ! Va falloir moissonner c'te nuit, demain va pleuvoir des grelots ! » Ce bulletin peu scientifique sortait en une du *Matin*, sous la forme d'une grenouille dans son bocal qui montait ou descendait les degrés d'une échelle pour indiquer le bon et le mauvais temps. Là-haut, le nez dans le ciel, Maréchal avait-il aperçu les loupiotes du Zeppelin allemand qui glissait la nuit au-dessus de Paris comme Fantômas ? Les Prussiens faisaient dégringoler de l'engin silencieux des fusées éclairantes attachées à des petits ballons, pour repérer dans une lumière rougeâtre les cibles à bombarder, la gare Saint-Lazare, la gare du Nord…

Nous étions en 1915.

Maurice Maréchal avait trente-trois ans. Le conflit prévu par Gustave Hervé avait fini par éclater. Grâce à un stupide jeu d'alliances, les Allemands avaient envahi l'est de la France et seule une tempête de neige avait suspendu leur offensive en Champagne. De part et d'autre on s'enterrait dans des tranchées. Une guerre d'usure s'installait. Un arrêté ministériel définissait la ration des poilus en grammes de lard et en tablettes de café. Près d'Ypres, les Allemands attendirent un jour de vent favorable pour inaugurer la guerre des gaz, alors ils ouvrirent les robinets de gros bidons pour envoyer un nuage jaune et toxique au ras des tranchées adverses ; les visages de ceux qui respiraient ce brouillard devenaient noirs, les poilus crachaient le sang et tombaient raides. À l'arrière, le ministre de la Guerre entretenait la peur en faisant placarder dans les transports publics une affiche bientôt célèbre : « Taisez-vous ! Méfiez-vous ! Des oreilles ennemies vous écoutent ! » Personne n'était plus à l'abri mais il fallait garder le moral. Le dragon Charles Dullin improvisait des saynètes cocardières sur le front de Lorraine, des zouaves lancèrent des revues musicales entraînantes avant la prochaine pluie d'obus. Le chanteur Bach, à la fin de son récital rigolo près de Raon-l'Étape, entonna une *Madelon* qui fut reprise en chœur de Lille à Marseille. Les théâtres parisiens rouvraient leurs portes. Le public se pressait au théâtre de la Renaissance pour applaudir le chien belge Dick, bien connu « pour avoir étranglé à lui seul sept Boches. »

Dans *L'Épatant*, ces filous de Pieds Nickelés imaginés par Forton reparaissaient vertueux sous l'uniforme. Les enfants jouaient à la bataille avec des fusils en cartonet le dessinateur Poulbot nous les montrait dans un semblant de tranchée qui avaient placé un tuyau de poêle comme un canon ; en face d'eux, à genoux, un bataillon de casques à pointe levait les mains et se rendait. Les gosses en plaisantaient : « Ils nous prennent pour des artilleurs ! » Le patriotisme recouvrait la France de sa glu.

Les civils s'alignaient avec vénération sur les bulletins du front et, à chaque vague d'assaut, entonnaient au garde-à-vous *La Marseillaise* en ridiculisant les Boches parés de toutes les lâchetés. Maurice Maréchal était atterré par le puéril embrigadement autant que par la guerre. Il ne frémissait pas aux offensives meurtrières et considérait les généraux comme d'incompétentes badernes, mais tant de monde semblait atteint par cette furieuse épidémie, Gustave Hervé lui-même, si hostile jusqu'à présent à l'uniforme. Où en était-il ? *La Guerre sociale* avait fortifié le mouvement ouvrier, elle avait même incité ses lecteurs à s'insurger en cas de conflit, et voilà que son titre et son âme s'étaient transformés : le journal s'intitulait désormais *La Victoire*. Comme touché par une grâce divine, Hervé avait « changé son fusil d'épaule », une expression qu'il avait inventée pour désigner les traîtres et les opportunistes. Hervé désolait Maréchal. Comment le situer, ce fougueux qui proclamait à la tribune du congrès socialiste de Nancy : « En cas de guerre, si ceux de l'active ne veulent pas s'insurger, tant pis pour eux. Nous nous croisons les bras. La patrie ne vaut pas la peine que nous nous fassions trouer la peau pour elle. » À ce moment il préconisait l'action directe et le sabotage, surnommait le préfet de police « empereur des bourriques ». Les ouvriers n'avaient rien à faire dans ce sanglant grabuge, disait-il encore cinq mois avant la déclaration de guerre. Maintenant il diffusait une lettre ouverte au ministre de la Guerre pour chauffer l'enthousiasme. La grande presse la reproduisit aussitôt :

« Monsieur le Ministre,

« Quand j'avais vingt ans, je me suis fait réformer parce que j'étais soutien de famille en arguant de ma myopie.

« Malgré ma myopie et mes quarante-trois ans, je suis parfaitement capable de faire campagne.

« Comme dans la guerre la France me semble avoir fait l'impossible pour écarter la catastrophe, je vous prie de m'incorporer, par faveur spéciale, dans le premier régiment d'infanterie qui partira pour la frontière... »

Hervé n'ira pas jusqu'à la frontière, avec barda et casque bleu horizon, contrairement à beaucoup de ses lecteurs qui iront au casse-pipe. Sur les planches, le chansonnier Montéhus s'exclamera à son propos : « Ta place de combat est dans les faubourgs de Paris ! » C'était en effet moins risqué pour donner de la voix. Hervé glorifiera Paul Déroulède et les vers de mirliton de ses *Chants du soldat*, un homme qui, pendant quarante ans, avait exigé la revanche sur ces chiens de Prussiens. Il tint même un discours pour saluer son cercueil en février 1914 : « Je pense au vieillard qui, invalide, moribond, venait, il y a six mois, à la tête de ses fidèles de la Ligue des Patriotes pousser un dernier coup de clairon, à Champigny, au pied du monument des morts pour la Patrie et qui mourut sans avoir jamais désespéré. Déroulède ! Déroulède ! Le drapeau de Valmy flotte sur Mulhouse ! »

Pour Hervé, la guerre n'était plus voulue par des capitalistes qui se disputaient les marchés du monde, comme il l'avait tant écrit. « Eh bien non ! non ! non ! » affirmait-il aujourd'hui. Et il demanda audience au pessimiste président Poincaré pour l'encourager à tenir face aux pacifistes.

Dans les locaux de *La Guerre sociale*, Maréchal avait sympathisé avec un dessinateur de son âge, binocle au bout du nez et barbiche maigre, qui s'appelait Gassier et ressemblait trait pour trait aux mornes employés de bureau à manches de lustrine des nouvelles de Maupassant. La trahison d'Hervé les rapprocha, tant ils avaient le même esprit de rébellion, les mêmes engagements et les mêmes fureurs. L'un était petit et l'autre énorme, l'un était fluet et l'autre massif ; quand ils complotaient sur un coin de table on aurait dit Laurel et Hardy. Ensemble ils étaient dégoûtés. Gassier refusa de livrer chaque samedi un dessin qui fût contraire à ses idées. Au journal, l'unanimité était obligatoire et il réclamait sa liberté. Après avoir discuté en vain avec Gustave Hervé, son patron, il lui envoya sa lettre de démission le 16 mai ; il y exposait en six points ses conceptions, tapant au passage sur l'empereur Guillaume II et nos couards d'hommes politiques :

« 1. Vous êtes partisan de la guerre à outrance, et je suis d'une opinion totalement opposée.

« 2. Vous êtes partisan de l'union sacrée absolue, j'estime que nous en sommes les dupes et que nous devons réagir vigoureusement si nous ne voulons pas être bouffés.

« 3. Vous croyez que Millerand, Delcassé et consorts sont subitement devenus des grands hommes et d'honnêtes gens. Mon opinion n'a pas varié sur eux : ce sont des incapables et des fripons.

« 4. Guillaume est uniquement responsable ! Mon avis est qu'il y en a d'autres ici et ailleurs.

« 5. La lutte des classes a fait place à la collaboration des classes. Quelle bonne blague !

« 6. Vous êtes, après la guerre, pour la reconstitution d'un socialisme latin et romantique, moi j'estime que le socialisme n'a qu'une base et qu'une doctrine, celle de Marx, à condition que "le ministre sans portefeuille" n'en soit pas le pape. Et voilà ! »

Ni Maréchal ni Gassier ne s'imaginaient servir la propagande lénifiante du gouvernement. Gassier se réfugia à *L'Humanité* de Jaurès où deux clans s'opposaient gravement, ceux qui aimaient la guerre et ceux qui ne l'aimaient pas ; il devint retoucheur de photos pour échapper à ces querelles. Un drôle de type, le nouvel ami de Maréchal. C'était un Marseillais né à Paris, et son enfance flotta entre ces deux villes. Sa mère était la fille de Mme Bassano qui possédait une maison de couture en vogue ; son père, simple représentant en tissus, se plaignant de vivre dans la gêne, écrivit à son fils pour lui expliquer qu'il allait se suicider. Il aurait voulu que ce fils, Henri-Paul, se lançât dans les maths ou devînt entrepreneur, mais non, le récalcitrant entra dans une académie de peinture et y découvrit ses talents de caricaturiste. Il donna des dessins au *Petit Provençal* ou au *Soleil du Midi*, puis il découvrit le Montmartre des cabarets, fréquenta les poètes, les peintres et les chansonniers du *Lapin Agile* et du *Chat Noir*, rejoignit les insolents de la Butte, Max Jacob, Picasso qui peignait chaque jour sa cravate en bois, Steinlen, Poulbot, Roland Dorgelès…

En ces temps de bohème turbulente et potache, Gassier illustrait dans *Fantasio* des textes qui brocardaient les députés dans une rubrique nommée « Valets de chambre » qu'il signait « L'huissier à la chaîne ». Il lança aussi des feuilles éphémères, *Le Poil* ou *La Chaudière*, rejoignit les socialistes, collabora à des gazettes d'extrême gauche. Surtout il dessinait des affiches remarquées. L'une d'elles figurait Aristide Briand qui venait de lâcher les socialistes pour entrer dans un gouvernement radical. Cette affiche, il l'avait intitulée *Le Jaune*, ainsi désignait-on les syndicalistes qui faisaient le jeu du patronat. Il courut voir Jaurès avec cette caricature moqueuse pour celui qui fut son compagnon de lutte. Jaurès estima le dessin, avec de l'intérêt et de la peine, puis il demanda au jeune Gassier : « Combien ? » L'autre répondit : « 50 centimes, citoyen ». Jaurès tripota dans son gousset, en tira une piécette qu'il tendit au jeune homme en soupirant : « Ah ! C'est bien triste, citoyen, bien triste… » Dès lors, Gassier eut un renom et put travailler dans les nombreux journaux qui le réclamaient. En trois coups de crayon, il vous traçait la silhouette de Maurice Barrès, écrivain nationaliste et académicien que la guerre inspirait, avec sa longue mèche noire qui lui tombait sur le front et ses moustaches en crocs. Gassier était réaliste. La ligne de ses croquis était si claire qu'on reconnaissait aussitôt ses risibles personnages ; c'était l'ancêtre de Cabu.

Une discipline de caserne régnait sur la France de 1915. Maréchal et Gassier se sentaient surveillés, jugés, démunis, exaspérés, désœuvrés. Où écrire ? Où dessiner ? Où protester ? Qui ne craignait pas de montrer l'affreuse réalité du carnage ? Étaient-ils tous des va-t-en-guerre, par sotte conviction ou par lâcheté ? Qui osait avoir encore mauvais esprit ? Les deux amis en arrivèrent à penser que pour s'exprimer sans peur il fallait avoir un journal à soi, un journal qu'ils composeraient et orienteraient. Un jour, ils se décidèrent :

– D'abord il nous faut des sous, dit Maréchal. J'ai touché un petit héritage de famille, je le mets dans notre projet.

– Allons-y ! dit Gassier. Je ne veux pas continuer à m'user en rectifiant des photos pour donner bonne mine aux invités de *L'Humanité*. À la longue, ça dégrade.

– Il faudra trouver une imprimerie…

– Toi et moi, nous connaissons assez de monde dans la presse, ça ne sera pas compliqué de dégotter un imprimeur réfractaire à l'uniforme. Il y a des anars à foison chez les typos.

– Reste le problème du papier…

– Je m'en charge, dit Gassier.

– Bon, reprit Maréchal, passons maintenant à l'essentiel, le titre. Un mauvais titre et on n'a pas un lecteur.

– Le *Canard* ? proposa Gassier.

En argot de presse, un canard était un bobard, une fausse nouvelle, une tromperie, une amorce de rumeur lancée avec intention pour servir ou torpiller une cause ; par extension, canard signifia « journal ».

– Il y a quelques années, expliquait Gassier, on a eu *Le Canard sauvage*, une feuille littéraire qui bouffait du curé et du militaire. Caran d'Ache et Vallotton y publiaient leurs dessins…

– Il n'a pas duré ton *Canard sauvage*, mon petit camarade, et tu sais pourquoi ? Mauvais titre. Faudrait dénicher un autre qualificatif mieux dans l'air du temps. Tiens ! Tu connais *L'Homme enchaîné* de Clemenceau ?

– Bien sûr, c'est son ancien quotidien *L'Homme libre*, il en a changé le titre pour faire suer la censure.

– Clemenceau écrit là-dedans : « L'esprit français et l'esprit de la Révolution, c'est tout un. » Voilà notre programme, le mariage du chambardement espéré avec un ton badin, à la gauloise.

– Enchaîné, enchaîné… *Le Canard enchaîné* ?

– Ah oui ! D'accord. Ça claque !

Et là, sur la table de la salle à manger, dans un appartement du 129 de la rue du Faubourg-du-Temple, Gassier griffonna un volatile couinant que retenait une grosse laisse en forme de chaîne. Cet appartement devint la première adresse du *Canard*, dans une voie privée qui avait naguère abrité le cabaret *La Courtille* où les Parisiens se délectaient d'un civet de chat déguisé en lapin ; le propriétaire de ce passage lui avait donné le nom de cour de la Grâce-de-Dieu en souvenir d'un drame à succès joué au théâtre de la Gaîté qu'il possédait. Sous ces auspices, l'épouse de Maréchal, Jeanne, servit l'apéro pour baptiser le nouveau journal. Puis Maréchal élabora la ligne éditoriale :

– L'esprit de sérieux nous ronge la cervelle. Faisons rire, diffusons des nouvelles encore plus fausses que celles de l'agence Havas, qui fait autorité et que le gouvernement salue ! Redressons ces entorses à la vérité, mais en bouffonnant !

– Bravo ! dit Gassier en levant son verre. Que le rire soit notre fusil.

– Et on dégommera tous ces pantins en gibus ! Ils veulent nous pousser à l'abattoir ? Esquivons !

En quatre pages il s'agissait de singer la grande presse. Il y aurait les mêmes rubriques que dans *Le Petit Parisien* ou *Excelsior*, mais détournées. Les journaux officiels s'en tenaient à la propagande, ils détaillaient avec mille mensonges les mouvements de troupes et expliquaient que les balles allemandes ne tuaient pas, que leurs bombes n'explosaient pas. Le rire existait, mais complice et convenu ; il se résumait à des histoires de Boches, au bon nègre de la coloniale qui capture des ennemis au lasso, à la vache patriote qui empêche un avion de décoller, à ces Bavarois qui se rendent pour une tartine de confiture. Il fallait dépasser ces niaiseries et user de la dérision pure. On voyait apparaître sur le front des imprimeries de campagne, des feuilles comme *Face à l'Est* dans la forêt de l'Argonne, mais les textes que pondaient les soldats manquaient de force comique, il fallait les aider à combattre l'ennui et la trouille.

Ils se mirent au travail. D'emblée, Jeanne propose de livrer leurs premiers abonnés parisiens avec son vélo. Maréchal écrivit sur des thèmes dont ils avaient débattu ensemble. Gassier discuta des caractères avec l'imprimeur, rencontra les dépositaires de province et s'occupa de la vente en kiosques, négocia avec la maison Hachette. Il en était à dessiner des cabochons pour aérer les articles quand, en avril, Maréchal reçut sa feuille d'auxiliaire : il était convoqué le lendemain matin à l'École militaire.

Gassier avait été réformé après un séjour à l'infirmerie d'une caserne parisienne, à cause de sa forte myopie qui l'empêchait de distinguer à trois pas un casque à pointe d'une chéchia. Maréchal se croyait à l'abri parce qu'il souffrait d'une malformation cardiaque. Où allait-on l'envoyer ? En banlieue ? En province ? Sans lui le journal ne pouvait naître. Par chance, il fut réformé définitivement trois semaines plus tard par le conseil de révision. Une fois cette frayeur évacuée, l'aventure continua, et, le vendredi 10 septembre 1915 on lut cette affichette placardée dans la ville :

Vient d'éclore
Le Canard enchaîné
Journal humoristique illustré
Le 2e numéro devant paraître le 20 septembre
sera consacré aux embusqués
Le réclamer partout
Ce journal ne peut être crié

Pour dix centimes, les acheteurs découvrirent à la une cette présentation de Maréchal :

« *Le Canard enchaîné* a décidé de rompre délibérément avec toutes les traditions journalistiques établies jusqu'à ce jour.

« En raison de quoi, ce journal veut bien épargner, tout d'abord à ses lecteurs, le supplice d'une présentation.

« En second lieu, *Le Canard enchaîné* prend engagement d'honneur de ne céder, en aucun cas, à la déplorable manie du jour.

« C'est assez dire qu'il s'engage à ne publier, sous aucun prétexte, un article stratégique, diplomatique, ou économique, quel qu'il soit.

« Son petit format lui interdit d'ailleurs formellement ce genre de plaisanterie.

« Enfin, *Le Canard enchaîné* prendra la liberté grande de n'insérer, après minutieuse vérification, que des nouvelles rigoureusement inexactes.

« Chacun sait, en effet, que la presse française, sans exception, ne communique à ses lecteurs, depuis le début de la guerre, que des nouvelles implacablement vraies.

« Eh bien, le public en a assez !

« Le public veut des nouvelles fausses… pour changer.

« Il en aura. Pour obtenir ce joli résultat, la direction du *Canard enchaîné*, ne reculant devant aucun sacrifice, n'a pas hésité à passer un contrat d'un an avec la très célèbre agence Wolff qui lui transmettra chaque semaine, de Berlin, PAR FIL SPÉCIAL BARBELÉ, toutes les fausses nouvelles du monde entier.

« Dans ces conditions, nous ne doutons pas un seul instant que le grand public voudra bien nous réserver bon accueil et, dans cet espoir, nous lui présentons par avance et respectueusement, nos plus sincères condoléances. »

Le titre de cette colonne, non signée, suffisait en fait à lui seul pour définir le ton du journal : « Coin ! Coin ! Coin ! » Des rubriques aux titres classiques s'installèrent, « Dernière heure », « Revue de presse », mais tournaient l'actualité en ridicule. Le journal devait paraître trois fois par mois provisoirement. Chaque numéro annonçait un thème dans son édito.

Dès le deuxième numéro, Maréchal s'excuse des défaillances du premier, son mauvais tirage et son mauvais papier, mais après tout, disait-il, quelle parution ne connaît pas ces déconvenues au démarrage ? Le journal s'en prenait comme il l'avait annoncé aux embusqués, ces planqués qui profitaient de la guerre qu'ils ne faisaient pas. Pas question de frapper sur les chanceux qui échappaient au massacre, ni sur ces militaires qui n'allaient pas au feu parce qu'ils assuraient le ravitaillement, ni sur les médecins, ni sur les cheminots, ni sur les ouvriers vissés dans leurs usines, non ! « L'embusqué, c'est monsieur le Patriote patenté, grand pourfendeur de Boches à longue distance et grand gueulard du *Chant du départ* qui, du matin au soir, hurle à s'égosiller *La Marseillaise* – « Marchons, marchons ! » – et qui marche à reculons, comme les écrevisses. Celui-là, c'est le conseilleur qui ne paie jamais… de sa personne. L'embusqué c'est l'entrepreneur, l'usinier, le marchand qui spécule sur le malheur des temps pour exploiter ignominieusement les femmes et les gosses. »

La périodicité du journal devint fluctuante et des numéros parurent en retard, ce qui n'aidait pas à fidéliser le lecteur ; le numéro 3, sorti le 10 octobre, traitait principalement des racontars : « En avons-nous ouï, depuis le début de la guerre, de ces histoires à dormir à debout ! Les ragots les plus absurdes, les fables les plus idiotes trouvaient instantanément créance dans l'âme ingénue du peuple. Les calomnies volent de bouche en bouche avec la rapidité du zèbre. » Hé ! Il semblait que nos soldats s'habituaient aux balles allemandes et à ces obus qui tombaient en pluie inoffensive. Quand les balles traversaient les chairs, elles n'y laissaient aucune déchirure. Foin des sornettes !

Oublions les folles péripéties de nos régiments de fakirs qui ne sentaient pas les projectiles mais crevaient quand même, le nez dans la boue, percés comme des passoires. Maréchal avait consacré un autre numéro au problème des loyers, à ces proprios grassouillets qui poursuivaient de leur quittance la pauvre femme de l'appelé englué dans sa tranchée. Le *Canard* couinait aux basques des nantis et des filous, lesquels n'avaient qu'un mot aux lèvres : pognon ! Il gratifia ces aigrefins d'un poème :

Tes locataires étrangleras
En quatre term' et trois mouvements
Et de crédit point ne feras
Sur la justice tu t'assoiras
Trois fois par an tu augmenteras
Tous tes loyers de trois cents francs

La production artisanale de Gassier et du couple Maréchal dut s'interrompre en novembre 1915, sans doute faute de moyens mais aussi par manque de lecteurs. On ne pouvait plus improviser au jour le jour, ni en appeler au bon cœur d'un public trop rare. La campagne d'abonnement à trois francs pour six mois, en mandats ou bons de poste, ne rapportait presque rien. Il fallait s'organiser, et d'abord constituer une équipe. L'humour devait passer par une stratégie bien pensée, qu'il ne fallait pas prendre à la légère. Maréchal cherchait l'efficacité.

Les Maréchal emménagèrent pour un temps dans un local prêté par *L'Humanité*, rue Montmartre, sur le même trottoir que *La Chope du Croissant* où fut assassiné Jaurès à la veille de la guerre. On se mit sérieusement au travail. Plus d'improvisation, plus d'amateurisme, plus de bricolage : il fallait composer une véritable rédaction pour assurer la sortie sans faille d'un hebdomadaire chaque mercredi, sur quatre pages où la politique devait se cacher derrière l'humour. Où dénicher des esprits drôles, parisiens, forts en gueule, quand sévissait une propagande patriote et souvent infantile ? Gassier voulait des dessinateurs déjà familiers du public. Il pensa rameuter ses anciens compères de Montmartre : ceux-là ne pouvaient pas avoir failli à leur réputation, et, pour la plupart, s'ils n'étaient pas morts sous la mitraille, ils ne savaient plus où exposer leurs idées de gauche et pacifiques. L'esprit du *Chat Noir* n'avait pu sombrer. Quand il avait inauguré son cabaret de la Butte, Rodolphe Salis avait reçu ses premiers clients en costume de préfet, et les garçons de salle étaient déguisés en académiciens. Bientôt, attirés par l'extravagance de l'endroit, les bourgeois vinrent s'y encanailler. *Le Chat Noir* devint à la mode dans tout Paris. Amateur de frivolités, le prince de Galles et futur Édouard VII s'y risqua un soir avec des frissons de curiosité. Salis l'accueillit comme n'importe quel péquin : « Entrez ! Entrez ! Tiens, regardez le gros, c'est l'Prince de Galles tout pissé ! » On riait aux moqueries et aux vacheries, on riait des petites annonces qu'Alphonse Allais publia dans la gazette du cabaret, ou de l'article que Capus y donna sous le titre « L'amour à bicyclette » et qui se ramassait en une ligne : « C'est très difficile. »

Parmi des dessinateurs de cette tribu, Gassier recruta son vieil ami Jules Depaquit, la vedette du *Rire*, insigne représentant des foutraques du *Chat Noir*. À lui seul il en portait le génie et les défauts, fastueux ou fauché en alternance. Lorsqu'il avait les poches vides, il se débrouillait avec esprit. Quand un créancier le harcelait, il accrochait une pancarte W.-C. sur sa porte, et, si par malchance un huissier y frappait quand même, Depaquit répondait sans ouvrir : « Occupé ! » À un tailleur qui osait lui réclamer le paiement de sa dernière facture, il écrivit ce billet : « Monsieur, votre insistance est inadmissible. J'ai donc décidé de vous infliger une sanction. J'ai coutume, tous les débuts de mois, de mettre les noms de mes créanciers dans un chapeau et d'en tirer un au sort ; c'est celui-là que je règle. Étant donné votre attitude, j'ai le regret de vous informer que vous ne participerez pas au prochain tirage. » ?

De son côté, Maréchal partait à la chasse aux rédacteurs pour former une équipe. Il en trouva chez les collaborateurs de *L'Humanité* ou du *Journal du Peuple*, dans les chroniques fantaisistes de *Paris-Sports*. Ils exerçaient souvent une autre profession, l'un travaillait à la Banque de France, un autre rédigeait des discours de funérailles pour la préfecture, un troisième donnait ses poèmes dans des almanachs. Les plus Montmartrois écrivaient des chansons. Beaucoup avaient des ambitions littéraires et publiaient des livres. Maréchal voulait des signatures pour entraîner cette troupe, et que le public pût la distinguer. Il amena dans ses colonnes Roland Dorgelès, Vaillant-Couturier, Béraud, Descaves.

Dorgelès revenait du front, blessé mais décoré, sans jamais avoir oublié la bohème et la dèche, ces rupins de la Butte qui se bagarraient dans les ruisseaux de la rue Lepic, quand Vlaminck rentrait à Rueil à pied, n'ayant pas six sous pour s'offrir le tramway, quand Van Dongen vivotait en charriant des caisses de poissons aux Halles. De ses années pauvres et joyeuses, il avait conservé le goût du canular et adorait berner les gogos. Une fois, il avait placé une grossière statuette en plâtre parmi les antiquités du Louvre ; il était revenu un jour d'affluence pour la briser devant les visiteurs effrayés en criant : « C'est un faux ! » Il commit une autre supercherie devenue célèbre, en exposant au Salon des indépendants un tableau de style moderne intitulé *Coucher de soleil sur l'Adriatique*, qui obtint un prix. L'auteur ? Un certain Boronali, en fait l'anagramme d'Aliboron, c'est-à-dire de l'âne auquel il avait attaché un pinceau au bout de la queue pour qu'il en barbouille une toile. Il avait écrit dans *L'Homme libre* de Clemenceau et collaborait aux pages humoristiques insérées dans *Le Sourire* ; il venait de sortir en librairie un roman satirique, *La Machine à finir la guerre*, où l'on retrouve le ton de ses futurs articles du *Canard*. Songeait-il déjà aux *Croix de bois*, ce gros livre réaliste et atroce sur les tranchées, qui allait asseoir sa notoriété ?

Lucien Descaves, lui, avait dépassé la cinquantaine, il était toujours d'humeur bougonne et proclamait son aversion pour tous les soldats ; à cause des *Sous-Offs*, roman antimilitariste, il avait naguère été traîné aux assises pour injure à l'armée et outrage aux bonnes mœurs. Maintenant, il signait des critiques dramatiques redoutées et occupait le cinquième couvert à l'académie Goncourt. Maréchal espérait insuffler à son *Canard* l'esprit frondeur de l'un et les colères de l'autre.

Aux loustics précités s'ajoutèrent d'autres compagnons de route, dont l'intransigeant Paul Vaillant-Couturier que résumait bien sa propre formule : « Pour un œil, les deux ; pour une dent, toute la gueule ! »

tant il tonitruait contre la bêtise, l'injustice et l'argent. Il emmenait avec lui Henri Béraud, un gros Lyonnais en tenue de lieutenant d'artillerie, cheveux en arrière et favoris courts, qui entonnait à table les grands airs d'opéra avec sa voix de baryton ; il avait d'abord un ventre et un monocle, méprisait les buveurs d'eau et fondait devant une étuvée d'anguille au coulis d'écrevisse. Au bord du Rhône, il avait été l'unique rédacteur d'un pamphlet mensuel, *L'Ours*, dans lequel il défendait les sans-grade : « Le point de vue où je veux me placer est celui des nigauds. » Il se situait à mi-chemin entre Guignol et les chansonniers de la Butte, ce qui convenait aux contes qu'il donna un moment au jeune *Canard enchaîné*. Son talent devait se révéler pleinement dans les années vingt ; à la suite de son ami Albert Londres, il écrira de longs reportages vifs et imagés, parcourant une Europe en ébullition, depuis les émeutes espagnoles à l'Irlande agitée, de Moscou à Berlin et Rome où il aura un entretien avec Mussolini, mais, sentant la moquerie, le duce en fit saisir le texte dans un wagon postal. Ce flâneur salarié trouva le temps de publier un roman ironique, *Le Martyre de l'obèse*, que couronna le prix Goncourt.

À cette honorable brochette, ajoutons M. Tristan Bernard qui avait un public et devait signer un feuilleton humoristique en cul de page. Et le vrai premier numéro du *Canard enchaîné* sortit le mercredi 5 juillet 1916 : c'était parti pour un siècle au moins.

2

Un Canard au sang

Cartes de vœux dessinées
par Lucien Laforge.

La une de ce 5 juillet 1916 affichait les ambitions et le programme du *Canard*, ce mélange calibré d'impertinences et de belle humeur. Gassier donnait le tempo en deux dessins. Sous le titre, un volatile étranglé à demi par sa chaîne ouvrait le bec pour hurler à la paire de ciseaux qui le menaçait : « Tu auras mes plumes, tu n'auras pas ma peau ! » Puis la page s'habillait d'un dessin plus conséquent, nommé *Résurrection* ; on y voyait le même canard avancer vers Clemenceau qui l'accueillait d'un : « Bath ! un frère ! » car ils portaient la même chaîne, l'un au cou, l'autre à la cheville. Dans le fond de l'image, en rang d'oignons, quelques sommités de la grande presse, d'abord le chouchou de Gassier, Maurice Barrès, en immortel habit vert pour représenter *L'Écho de Paris*, puis le rondouillard Gustave Téry de *L'Œuvre*, Arthur Meyer du *Gaulois*, et le détestable Gustave Hervé de *La Victoire*, enfin un squelette barbu comme un père Noël portant une faux et un sablier pour symboliser le temps qui passe et la mort si présente en 1916.

À gauche, sur une longue colonne, dans son édito « Re-présentation ! » Maréchal reprenait son texte inaugural de l'année précédente, mais il l'avait enrichi de sept paragraphes décidés à éclairer le lecteur ; les voici :

« *Le Canard enchaîné* est un journal vivant, propre et libre.

« Mais il se garde de prétendre que les imbéciles ne le liront pas. Il est trop justement soucieux, en effet, de sa large diffusion, pour restreindre aussi bénévolement le nombre de ses lecteurs.

« Donc, *Le Canard enchaîné* est un journal VIVANT. Doublement vivant, devrions-nous dire, puisque, né le 4 septembre 1915 et décédé le 4 novembre de la même année, il renaît de ses cendres le 5 juillet 1916.

« Ce canard, comme on le voit, est bien près d'être un phénix.

« PROPRE, il l'est autant que peut l'être un pauvre canard obligé de vivre dans des mares stagnantes.

« LIBRE, il l'est de toute la longueur de sa chaîne !

« Il rompt délibérément avec les traditions et dédaigne toutes les formules. »

Les ingrédients d'aujourd'hui étaient présents à l'origine. Les imbéciles, les parasites et les profiteurs étaient tournés en ridicule. Maréchal avait contre eux des colères, mais courtes, qu'il traduisait en rires vengeurs. Le reste de la page de ce premier vrai numéro l'attestait. Le traître Gustave Hervé inaugurait les hostilités en haut à droite ; il se faisait brocarder pour un article de sa *Victoire* qui pleurait les morts dudit journal. Juste en dessous apparaissait prématurément la censure, sous la forme d'un encadré blanc qui se substituait à la rubrique « Le point de vue du fumiste ». Et quoi ? Un coup de ciseau dès la première livraison, avant même sa sortie ? Le *Canard* était donc surveillé au berceau ? Les signatures annoncées de Dorgelès ou de Descaves avaient-elles ce pouvoir d'alerter les patriotes ? « La

Mare aux Canards » figurait juste en dessous ; elle n'avait pas la dimension que nous lui connaissons, il s'agissait d'une simple annonce, d'un ragot très parisien sur les malheurs du célèbre comédien Lucien Guitry qu'un quidam confondait avec son fils Sacha. « La Mare aux Canards » des débuts fut aussi politique, mais à la marge, relatant par exemple des répliques fumeuses entre deux députés dont nous ignorons désormais jusqu'aux noms. Avec « Où s'arrêtera-t-on ? » dans le ventre de la page, sur deux colonnes, Victor Snell se moquait des prophéties de *L'Écho de Paris* et nous prévenait que les cérémonies du 14 juillet allaient être supprimées. Ce Snell était un Suisse hirsute que Maréchal avait ravi à *L'Humanité* ; il aimait la grammaire, le piano, et s'attardait à l'imprimerie pour ajouter des phrases cinglantes dans les papiers de ses collègues absents. Le talent et la drôlerie ne rendaient cependant pas le journaliste propriétaire de son emplacement et le *Canard* annonçait que le mercredi suivant un autre pionnier de l'équipe Maréchal occuperait la une, La Fouchardière, dit « La Fouche », aux cheveux et à la barbe taillés en broussaille mais qui portait un col dur et une cravate à pois ; il avait l'esprit potache ; dans les couloirs d'hôtels il interchangeait les chaussures que les clients avaient sorties pour les donner à cirer, ou bien il pique-niquait dans le métro avec des jambonneaux et des bouteilles.

Le *Canard* c'était une bande.

Ils se retrouvaient chaque semaine pour préparer le prochain numéro, devant un traditionnel pâté en croûte et des flacons de juliénas. Le journal passait d'abord. Signer ou non les articles, quelle importance ? Poser son nom au bas de dix lignes, n'était-ce pas un rien m'as-tu-vu ? L'usage du pseudonyme avait aussi son utilité. Quand un journal se lance, l'équipe fondatrice est d'ordinaire réduite, que, plus tard, seul le succès peut étoffer. Si les dessinateurs ne peuvent masquer leur style, les rédacteurs doivent travailler sur des sujets et des tons différents, plus ou moins graves, plus ou moins loufoques, et on ne peut signer à trois tous les articles, ce serait un aveu de faiblesse. Le pseudonyme vient alors à la rescousse, grâce à lui on se gonfle de vingt collaborateurs, ou trente, autant qu'en nécessite un vrai quotidien de la grande presse. Dorgelès signa ainsi Roland Datenoy quand sur la même page apparaissait déjà de son nom. Il y eut Le petit locataire, Dupont-Durand, le Penseur inconnu, Gustave le fumiste, Rousselle Cadet, le Canard boiteux. Pierre Meudon a-t-il vraiment existé ?

Maurice Maréchal donnait l'exemple et la voie à suivre. Il inspirait le *Canard* mais ne le dirigeait pas. Chacun apportait ses idées ou ses envies, la liberté d'expression régnait. Bien plus tard, au micro d'une radio, Henri Jeanson raconta le Maréchal qu'il avait côtoyé : « Il ne vivait que pour son journal, dans son journal. Il ne se montrait pas dans les lieux où d'ordinaire les gens s'exhibent. Nous savions, nous, où le rencontrer : dans des endroits propres. C'est dire qu'il ne mettait jamais les pieds dans les banques, les officines de presse, qu'il n'allait guère à la Chambre et qu'il ne hantait pas les Ministères. Pour quoi faire ? Il n'avait rien à demander à personne, rien… Pas ça !… Au *Canard enchaîné*, nous nous sommes toujours passés des avantages asservissants de la profession : carte de presse, permis de chemin de fer, invitations et autres coupe-file, morceaux de sucre pour lesquels tant de folliculaires font le beau ! Pas une ligne de publicité dans le *Canard*. Aucune case à louer ! Pas d'échanges de bons procédés. Pas d'article de complaisance. C'est pourquoi Béraud a pu écrire – et pourtant alors ils étaient brouillés et bien brouillés – "Maréchal, l'homme le moins servile du monde, se distinguait dans sa profession par un incroyable désintéressement". Maréchal ne disposait d'aucune fortune personnelle qui lui eût permis d'être, sans se gêner, l'honnête homme qu'il était, ce qui ne signifie pas que les directeurs fortunés soient nécessairement honnêtes ! Non ! non ! non ! »

Et Jeanson évoquait avec une certaine émotion le mythique trois pièces cuisine du 38 rue de Bondy, actuellement rue René-Boulanger dans le quartier encore populaire de la République, où les Maréchal finiront par s'installer à l'été 1917. La salle à manger servait de salle de rédaction, le service des abonnements se situait dans la cuisine, dans l'entrée, dans la chambre à coucher. Le conseil de rédaction siégeait sous la suspension. Et Jeanne faisait le tour des kiosques à vélo pour distribuer le dernier numéro.

Par nature, le *Canard* mitraillait les fanfaronnades de la grande presse. Un article du numéro 12 placé à la une, « Le crâne qu'on bourre aux bons lecteurs », se demandait pourquoi l'illustré *Excelsior* prenait ses acheteurs pour des idiots. La Roumanie venait d'apporter son renfort à nos troupes embourbées, et ce magazine troussait là-dessus une histoire exemplaire, bête à faire pleurer une taupe. On y voyait des enfants précoces mettre de la gravité jusque dans leurs jeux :

« Hier, avenue des Champs-Élysées, deux gamins – six ans, sept ans – se rencontrent au coin d'un tas de sable. Chacun a sa pelle et son seau. Chacun voudrait être le seul maître de sa place. Stratégiquement, ils abordent le tas, mais bientôt leurs "armes" se rencontrent : la guerre est déclarée.

« D'humeur vive, sans doute, comme leurs papas qui sont au front, ils lèvent la pelle et vont cogner. Mais ils s'arrêtent, l'un et l'autre fascinés. Le premier porte sur son chapeau de paille une bande bleue, sur laquelle s'enlève, en or, le mot *Roumanie* (c'est un chapeau tout neuf). L'autre, sur son couvre-chef plus usagé, montre la bande glorieuse *Joffre*.

« Ces petits savent lire. Ils ont lu. Les pelles tombent. Ils se prennent les mains, et, frères, amis, unis, sans rancune, voilà qu'ils dansent autour des seaux, ce que l'on pourrait appeler la valse des nouveaux alliés. »

Devant l'héroïque cornichonnerie, le *Canard* protestait et affirmait que nos petits canetons français étaient moins ridicules : « Qu'il y ait ou non *Roumanie* ou *Joffre* sur leurs casquettes, ils se flanquent une peignée quand ils ont envie de cogner, et ils ont bien raison. Tout le reste est bourrage de crâne. »

Cette dernière expression nous éclaire sur le principal combat du *Canard* en temps de guerre. Il fallait ridiculiser la propagande d'État qui infantilisait, et que la grande presse relayait. Dans l'argot du poilu, le bourrage de crâne consistait à fournir à des hommes que la catastrophe privait d'intelligence des jugements tout faits, de même qu'on leur fournissait leurs rations de pain et de tabac. Bref, des mensonges pieux, une vision débile des faits. Ainsi apprenait-on, dans nos feuilles quotidiennes, que les Boches massacraient leurs propres troupes de seconde zone pour que « sur les corps entassés, leurs bataillons de choc puissent franchir à gué la rivière Meuse ». Tous tombaient dans ce genre de panneau, et même le poète Jean Richepin qui, dans *Le Petit Journal*, accusait les soldats allemands d'avoir coupé le poing droit à quatre mille adolescents dans les territoires alsaciens occupés, pour les empêcher de tenir un fusil. Les Allemands n'étaient guère plus malins, qui faisaient circuler l'histoire de ce prêtre belge qui avait camouflé une mitrailleuse derrière le tabernacle de l'autel pour massacrer les soldats boches innocemment venus prier dans sa chapelle.

Le *Canard* s'en tirait grâce à la dérision pure. Lorsqu'une cartomancienne notoire fut appréhendée pour escroquerie, il publia cet entrefilet :

« On assure que la justice est enfin décidée à sévir énergiquement contre toute personne cherchant à abuser de la crédulité publique. De nombreux mandats d'amener seraient lancés prochainement contre diverses personnalités du monde journalistique. » Ou bien encore, au plus féroce de la bataille de la Somme, quand les soldats tombaient par régiments entiers, le journal publiait un communiqué décalé qui, par son incohérence spontanée, coïncidait aux facéties que Tristan Tzara interprétait, à Zurich, sur la scène du *Cabaret Voltaire*, pour lancer le mouvement Dada, né lui aussi contre la guerre : « Réjouissons-nous ! les services de la statistique ont enregistré à Paris 683 décès au lieu de 766, moyenne ordinaire de la saison. Il n'y a pas d'erreur, on meurt moins. » Quelques semaines plus tard, le *Canard* en rajoutait dans l'absurde de situation : « En plein XXe siècle, un homme est tué dans Paris. Ce quincaillier, assassiné par deux malandrins, provoque une indescriptible émotion sur la ligne de feu. »

Même pour des moqueries, il fallait ruser avec la très pointilleuse censure militaire. Elle effaçait du *Canard* tout ce qu'elle imaginait dangereux, voire douteux, se souvenant sans doute de la guerre précédente où *Le Temps* avait diffusé avec imprudence des informations dont s'étaient servis les Prussiens. La liste des interdits s'allongeait. Aux comptes rendus militaires s'ajoutèrent les allusions à la vie lamentable des tranchées, à notre monnaie défaillante, aux restrictions sur les blés et farines, bref, à tout ce qui portait atteinte au moral. Pas question d'écrire le moindre mot sur nos soldats étripant au poignard des ennemis piégés dans leur casemate, ni sur l'emploi que nous faisions des gaz toxiques – qu'il fallait réserver à ces barbares de Boches. Quand le pape Benoît XV appelait à une paix sans vainqueurs ni vaincus, on remplaçait sa déclaration par une autre des archevêques français, qui priaient pour une paix victorieuse en notre faveur. Si un député avait le malheur de s'alarmer dans le *Journal officiel*, ses doutes figuraient sous la forme du désormais célèbre pavé blanc. Le *Canard* était vite devenu un bon client de la censure, qui coupa même de ses colonnes des citations de Voltaire ou de Hugo. Voyant cela, cet impénitent farceur de La Fouchardière publia dans des quotidiens amis des articles censurés dans le *Canard :* ils n'eurent aucun problème. Donc, le *Canard* les republia et s'en expliqua même le 14 mars 1917 :

« Le journal républicain *L'Heure*, dont le succès se précise chaque jour, a publié dans son numéro de dimanche 11 mars, page 1, col. 3, une aimable fantaisie que nous reproduisons ci-après. Comme *L'Heure* est imprimée à Paris, censurée et visée à Paris, nous en avons le droit incontestable. Voici donc cette spirituelle bleuette :

LA FIANCÉE DU POILU
Lors, fut convoqué par la France,
En vue de combats meurtriers,
De Bretagne jusqu'en Provence,
Sur la Loire et sur la Durance,
L'arrière-ban de nos guerriers.
Ce sont des héros dont les armes

Refont les gestes du passé,
Des preux vieillis dans les alarmes
(Loin des lieux où sont les gendarmes)…
L'un d'entre eux est mon fiancé.

« Là ! Vous avez lu…

« Nous avons maintenant le plaisir de vous apprendre que ce morceau est, sans le moindre changement et à une virgule près, *le même qui figurait en première page de notre dernier numéro*, sous le même titre, et que notre censeur avait échoppé du premier jusqu'au dernier vers. »

Avec son mauvais esprit travaillé et ce goût du canular que nombre de journalistes ramenaient du *Chat Noir*, le journal ne se privait jamais d'enfoncer le nez des censeurs dans leur insuffisance. La première affreuse blague de notre Palmipède eut lieu à propos d'un sous-marin allemand, le *Deutschland* trop bien nommé. L'infernale embarcation avait soudain sorti sa tourelle dans le port américain de Baltimore. La rumeur était formelle et la presse broda sur cette aventure. Si le sous-marin avait franchi l'Atlantique sans anicroche, c'est qu'il avait été convoyé, ravitaillé ou remorqué par des navires neutres. Lesquels ? Qui aidait les Boches ? La marine suisse ? Des pirogues d'Indiens Sioux ? Il y eut sur cette affaire troublante des colonnes et des colonnes de suppositions et d'indignations dans la presse sérieuse. Par un beau jour d'été, on put lire dans le *Canard* un éditorial d'un certain Berthelier, derrière lequel se déguisait l'illustre Victor Snell : « La fin d'un bluff », dont nous vous livrons de lumineux extraits :

« La vérité – qui crève les yeux de toute personne impartiale et non prévenue – c'est que le sous-marin boche n'a jamais effectué la traversée de l'Atlantique.

« Mais alors ?...

« C'est fort simple. Le Deutschland *n'a jamais franchi l'Atlantique pour la raison que, de toute évidence, il a été construit à Baltimore !*

« Eh oui, parbleu ! Dans une des cales sèches du port, pièce à pièce – et ce n'était pas difficile, on l'avouera, toutes étaient numérotées – les Boches d'Amérique ont monté le sous-marin sans éveiller l'attention. Qui donc, d'ailleurs, s'en fut douté ?

« Puis, un beau matin, ils ont enlevé la bâche qui recouvrait leur engin, inondé la cale et crié : "Un sous-marin ! Un sous-marin arrivé d'Allemagne !..."

« C'est là ce qu'on appelle, exactement, "monter un bateau".

Nul ne songea à la supercherie possible, et tout le monde s'extasia sur la performance ! »

Une fois de plus, la grande presse donna une publicité à cette sensationnelle information. Le premier, que relayèrent tous les autres quotidiens, fut *L'Écho de Paris* où sévissait M. Barrès dans son habit brodé de feuilles de chêne. Le titre était au conditionnel, bien sûr, mais la tartine de texte qui le suivait avait les apparences d'une étude fouillée : « Le voyage du *Deutschland* serait un bluff ». Citons in extenso ce morceau de prose convaincante :

« Au sujet des hésitations du *Deutschland* à quitter Baltimore, *L'Ouest-Éclair* a reçu des renseignements particuliers qui lui donnent à penser que le voyage du sous-marin "de commerce" serait un bluff.

« Jamais, en effet, le fameux sous-marin ne l'aurait effectué à travers l'Atlantique, pour la raison bien simple qu'il aurait été transporté *démonté* à bord d'un sous-marin neutre, tout comme les sous-marins de guerre que les Allemands amènent, dans les mêmes conditions, aux nouvelles bases créées par eux en Belgique ou ailleurs depuis deux ans. Il serait donc arrivé en morceaux dans un des innombrables ports déserts situés à l'abri des regards indiscrets qui s'échelonnent sur la côte américaine. Là, il aurait été monté et chargé (car la cargaison elle-même aurait été transportée par bateau neutre) et il serait parti pour Baltimore, où il aurait fait l'entrée triomphale que l'on sait, après avoir accompli une traversée de quelques milles seulement. »

Tous les journaux de Paris racontaient cet exploit à longueur de colonnes, mais La Fouchardière, dans le quotidien *L'Œuvre*, révéla aux journalistes bernés et à leur vaste public que la mirifique aventure n'était qu'une pure invention de Victor Snell dans le *Canard.*

S'il était facile de se moquer des confrères, la censure guettait le moindre manquement dès qu'il s'agissait des inepties de l'État-Major ou du gouvernement. Apparurent alors ceux que l'on nomma les PCDF, « pauvres couillons du front ». Le *Canard* distribuait des coups de bec aux planqués qui s'ingéniaient à tracasser les bidasses, dénonçant sans hésiter le retard des trains ou leur manque de wagons car cela compliquait la vie déjà difficile des permissionnaires. Dans une « Prière à Messieurs les Contrôleurs », il s'insurgeait contre ces fonctionnaires tatillons qui, au nom d'un règlement indigne, dénonçaient les soldats ivres ou ceux qui braillaient des chansons paillardes, dont le célébrissime *Il est cocu le chef de gare* qui naquit à ce moment et fut repris en chœur par des milliers de troufions.

Évidemment, cette ritournelle mit en fureur les chefs de gare piqués dans leur honneur, ils réclamèrent l'interdiction de la vengeresse ritournelle, ils l'obtinrent et le *Canard* en rendit compte : « Ils ont fait entendre leurs doléances à qui de droit. Qui de droit les a écoutés, et le ministre vient de prescrire aux escortes des trains spéciaux de veiller à ce que les permissionnaires ne chantent plus ce refrain contraire à l'union sacrée. Nos poilus ont déjà fait assez de sacrifices à la France pour consentir bien volontiers celui-ci. »

Le journal choisissait ses cibles. Elles étaient d'abord celles de poilus : les gendarmes, les poux et le vin rouge. Les gendarmes n'allaient jamais au feu, ils traquaient les soldats pour les envoyer au besoin devant le conseil de guerre, et le *Canard* traquait les gendarmes. Il recevait du front des lettres reconnaissantes, car le journal circulait dans les tranchées et remontait un moral bien bas. Cependant, même visé par la censure, le journal se volatilisait avant de parvenir à son abonné.

L'un de ceux-ci envoya un poème :

Enchaîné, Canard, tu dois l'être
Car depuis trois mois ton lecteur
Assidu ne te voit paraître
Dans le courrier de son secteur.

Quelque embusqué, d'une main sûre,
Pour s'économiser deux ronds
Te garde « au nom de la Censure »
En volant nos Poilus du Front.

Déchaîne-toi ! – fais du barouffe !
Coincouine !… gueule !… fais-toi voir !
Mais je bouffe assez de mistoufle
Pour avoir le droit de t'avoir.

À défaut de journal, les soldats buvaient. Il fallait bien être complètement rond pour grimper à l'assaut en se prenant les jambes dans des barbelés au ras du sol. Au début de la guerre, ils n'avaient droit qu'à de l'eau claire, puis ils obtinrent une ration de picrate à neuf degrés qui vous ramonait les boyaux, d'abord un quart de litre puis trois quarts, le maximum de ce que pouvait contenir un bidon de fer-blanc. Le *Canard* livra la solution pour augmenter cette ration, dans son feuilleton qui courait en bas de page : « L'angoisse du mercanti (manuscrit trouvé dans une musette) ». Henri Béraud y détaillait le « coup de l'étoupille » ; cela consistait à faire péter dans le bidon des amorces de fulminate : « Si l'opération réussit, le fer-blanc se dilate et le bidon augmente sa capacité d'un bon quart, si le coup est loupé, le métal se déchire et l'opérateur bénéficie de huit jours de taule. Mais je m'arrête. N'en ai-je pas trop dit ? L'ombre des grands ciseaux court sur mon papier. Après tout, je trahis peut-être, en révélant "le coup de l'étoupille", l'un des principaux secrets de la défense nationale… »

Au lendemain de la guerre, Roland Dorgelès revint sur ce problème du pinard. Dans « L'alcool tue », il chambrait les barbons moralistes qui s'en prenaient à l'alcool meurtrier et se souvenait d'une inscription séduisante, parmi d'autres âneries qu'on pouvait lire dans un hôpital militaire de l'Ain où il avait séjourné : « L'alcool tue aussi sûrement qu'une balle ». Et à la fin de deux colonnes furieuses, Dorgelès concluait :

« Depuis 1914, un million et demi de jeunes hommes sont morts et nous pouvons assurer à Messieurs les tempérants que ça n'est pas de la cirrhose du foie. »

Quant aux poux, ils occupaient le repos et les nuits des soldats qui les traquaient pour les écraser entre deux ongles ; ils les appelaient les « totos » ou les « civils » parce qu'ils tenaient bon. L'arrière tenait, en effet, et le *Canard* intervenait souvent pour fustiger les profiteurs qui se bourraient les poches en fourguant leur camelote aux ménagères comme aux militaires. Ceux-là reçurent régulièrement de sévères coups de palmes ; même quand les hostilités cessèrent ils eurent encore droit aux sarcasmes. Qu'allaient-ils encore nous vendre, ces malins ? Et d'énumérer leur sale marchandise : « La confiture à faux poids, les œufs punais, les pipes retapées au mastic, les montres rétives, les couteaux à lame en fer-blanc, la brillantine au suif, le pinard où se conjuguaient si délicieusement les arômes de l'eau croupie, du vitriol et du savon de Marseille ! »

Le journal n'oubliait pas les aristos qui n'avaient pas besoin de permission pour filer trois mois au soleil : « Ces dames de la haute gruerie prennent leurs bains de mer. Il s'agit pour elles de vaincre et de faire prisonniers les gros fournisseurs de l'armée dont le portefeuille est bourré de billets de mille. La vraie bataille du chemin des Dames, c'est à Deauville qu'elle se livre. Car, au moins là, il y a des dames. » Dès que la mitraille se rapprocha de Paris et que la Grosse Bertha des Allemands pilonna au-dedans des remparts, on vit en foule des généraux à la retraite et des bourgeois nantis s'envoler comme des étourneaux, pour subir illico le tir parodique du *Canard* que cet exode grotesque ravissait : « Quinze heures. La bataille reste acharnée aux gares d'Orsay, de Lyon, Saint-Lazare, Grande Ceinture. Après une lutte, poussée parfois jusqu'au corps à corps, l'oncle Froussard a pu prendre le train. À 21 h 30, les civils poursuivent leur recul stratégique. Ils abandonnent Passy, les Champs-Élysées, la Muette, le boulevard Saint-Germain et aussi les Gobelins, ils se retirent sur des positions plus au sud : Cannes, Biarritz, Pau, Bordeaux. »

La sympathie du *Canard* allait par nature aux poilus qui trinquaient, mais aussi au peuple de Paris que frappaient les restrictions. Il y eut des jours sans pâtisserie et d'autres sans viande, les restaurants ne pouvaient pas servir plus de deux plats par client, il y eut même un unique modèle de soulier obligatoire pour limiter la consommation du cuir. Le *Canard* s'amusait de sortir le mercredi, jour sans volaille, et comme la viande était interdite deux jours par semaine, réclama que ces jours-là on empêchât de circuler les hommes-sandwichs. Il y eut dans le journal des recettes de gâteaux au plâtre ou de pommes de terre à la royale : « Si vous n'avez pas de pommes de terre, réservez une large place près de votre buffet et dansez devant. » Le charbon se raréfiait et les gens grelottaient tout l'hiver, l'anthracite était hors de prix et les allumettes introuvables. Pour évoquer les pénuries, le *Canard* publia un article qui échappa miraculeusement à la censure, au mot près. Dans « Boucherie municipale », René Buzelin cognait sur le crâne dur des bureaucrates chargés des restrictions, et il terminait par une phrase plus générale : « La guerre, qu'est-elle sinon une… » Le dernier mot avait été amputé. Il fallait lire *boucherie*, mais à côté du mot *guerre* cela devenait tendancieux. Tout devenait tendancieux, d'ailleurs, à mesure que la guerre se prolongeait.

Une invincible police des mœurs surveillait le moindre écart. Il ne fallait pas gaspiller le gaz et l'électricité, les produits de première nécessité étaient taxés par les préfets, comme l'essence et les engrais ; même l'adultère coûtait plus cher, passant de vingt-cinq francs d'amende à cent francs assortis d'un séjour en prison. Pour être admis dans les théâtres, vous deviez éviter les tenues chics et excentriques, l'habit et le smoking étaient carrément proscrits. Pour voir quoi ? Des opérettes réécrites. Dans *Mam'zelle Nitouche*, le grenadier chantant n'arrivait plus de Nuremberg mais « le nez en l'air » pour sauver la rime, et les costumes réalistes des dragons furent retaillés en tenues fantaisistes. Lors d'un concert, le chef d'orchestre refusa de jouer la *Marche hongroise* de Berlioz parce que la Hongrie était notre ennemie, mais le public tempêta, siffla, se révolta et il fut vite obligé de diriger ce morceau entraînant. Les conservateurs et les culs-bénits protestèrent contre les Ballets russes de Diaghilev qui créaient *Parade* sur un texte de Cocteau mis en musique par Erik Satie et décoré par Picasso. L'enthousiaste Geo Friley louangea ce vrai spectacle, enfin, dans le Canard : « Comme un diable hirsute saute de sa boîte aux yeux apeurés d'un enfant sage, vendredi 18, date mémorable, la neuve *Parade* jaillit. Tudieu, Messires Satie, Cocteau, Picasso, de quels furieux coups de trique vous bosselâtes le casque de Bélisaire ! Tous les pompiers de la musique et de la plastique et de la comique vont le remplir de larmes de rage, mais en vain : leur art est sinon mort, du moins bien malade. » Et plus loin : « M. Cocteau y démontre à l'aide de quatre fantoches, que la vie n'est pas seulement ce que nous en voyons [...] Les trois hardis auteurs de *Parade* ont allumé des lueurs nouvelles dans notre vieille nuit. » Sur la même page, sous la rubrique « Chez les bourreurs de crâne » que Maréchal assurait en personne, quelques lignes saluaient une gazette anticléricale qui venait de publier un dessin de « notre ami Laforge ».

Anticalotins, le *Canard* le fut depuis ses premiers numéros, mais là, vraiment, les curés profitaient de la guerre pour dévoiler leurs ridicules avec leur intégrisme, aussi se faisaient-ils joyeusement tirer à vue. Certains évêques voyaient même dans une offensive ratée un châtiment divin, une façon de payer la séparation de l'Église et de l'État, brutalement intervenue dix ans plus tôt. Le *Canard* se paya une franche rigolade en narrant les exploits de Claire Ferchaud, une illuminée vendéenne qui avait directement reçu un message de Jésus : si on voulait vaincre les Boches, disait son Jésus, il fallait condamner la franc-maçonnerie, se repentir de nos péchés républicains et imprimer l'emblème du Sacré-Cœur sur les drapeaux tricolores. Appuyée par des mitrés catholiques, la folle se rendit même chez le président Poincaré qui dut l'écouter en pensant à autre chose. Dieu lui-même fut sacré « Seigneur des bourreurs de crâne » : « Il est excessivement roublard : quand deux armées sont en présence, il trouve moyen de faire croire à chacune d'elle qu'il la protège spécialement et qu'il va l'aider à massacrer l'autre. » Quand les wagons manquent pour les civils et les permissionnaires, le *Canard* s'indigne que l'Église affrète des trains spéciaux pour ses pèlerins, ou s'autorise une débauche de cierges quand les chandelles sont rationnées.

À côté d'un humour vache qui masquait la colère, l'absurde avait toute sa place dans les colonnes du *Canard*, et Gaston de Pawlowski en était le maître. Il n'était pas loin des hurluberlus du *Chat Noir*, ce fils d'un ingénieur des chemins de fer de l'Ouest qui avait un diplôme de Sciences Po et un doctorat en droit mais figurait parmi les premiers collaborateurs du *Rire*. Ainsi inventa-t-il les « forceries d'enfants ». Sur le modèle des forceries qui permettaient aux légumes et aux fleurs d'être récoltés avant la saison, il se faisait fort de hâter la pousse des bambins et de transformer un marmot de six ans en soldat précoce de dix-sept ans. Il livra sa méthode loufoque : « Le *gigantisme enfantin*, écrivait-il, donne, paraît-il, des soldats admirables atteignant 1 m 70 et 1 m 80 à onze ou douze ans. Les pieds et les mains sont très développés, la tête toute petite et l'estomac minuscule, ce qui est très avantageux. En temps de guerre ces générations nouvelles sont d'un prix inestimable. Ce n'est pas de livres que nos enfants ont besoin mais de kilos pour faire de bons soldats. »

C'était en mars 1917, le mois où sortit dans le *Canard* son seul long article sérieux. « Vive la Russie libérée ! » criait à la une le canard de Gassier en soulevant son chapeau melon, et, à l'intérieur : « Le drapeau rouge a été hissé sur le Palais impérial ! » S'ensuivait la relation des faits, simplement, sans fioritures. Quelques jours plus tôt, le tsar avait envoyé des troupes contre les deux cent mille ouvriers de Petrograd en grève, mais les soldats avaient fraternisé avec le peuple en fureur. L'insurrection éclata, le tsar abdiqua. Des députés bourgeois, libéraux et socialistes formèrent un gouvernement provisoire mené par Kerensky. Voici donc la révolution que chanta le *Canard*, mais il n'eut pas un mot sur les agitateurs bolcheviques, pas un mot sur Lénine, lequel délaissa ses parties d'échecs avec Tristan Tzara pour quitter Zurich et filer en train à travers l'Allemagne ; il rentra plus tard à Petrograd, déguisé en marchand. Pas un mot sur Trotsky qui, de New York, appelait à renverser le gouvernement de Kerensky et à le remplacer par des soviets. Pas un mot sur Staline qui devint le rédacteur en chef de la *Pravda*. Le seul article à leur sujet, on le trouva en 1918 : « Lénine et Trotsky existent-ils ? » Le texte de Gassier riait des caricatures loupées par ses confrères, quand Lénine figurait chevelu comme un condottiere dans *Le Matin*, chauve dans *Le Petit Journal* ou en Landru dans une autre feuille.

Presque rien non plus sur les mutineries dans notre armée épuisée, rien sur la propagande des syndicats dans les usines de guerre et les arsenaux où des tracts violents circulaient, où des brochures réclamaient le sabotage. Il y eut des désertions, des hommes se cachaient dans les bois, d'autres refusaient de regagner leur tranchée ; à Roanne on frisa l'émeute. Des soldats insultaient leurs officiers, un général était molesté à Ville-en-Tardenois. Quatre cents chasseurs se croisèrent les bras. « Comme en Russie ! » disaient les drapeaux rouges. On entendait *L'Internationale*. Il y eut six cent vingt-neuf condamnations à mort, dont le *Canard* se fit écho par le biais d'André Dahl, journaliste et soldat. Dans une « Lettre à mon député », il se plaignait qu'on laisse défiler les Américains sur les Champs-Élysées, parce qu'ils venaient de nous rejoindre et offraient un exemple patriote de haute volée, alors que nos troufions n'avaient pas même le droit d'entrer dans Paris, tant on s'en méfiait : « Nous sommes pourtant de l'armée qui a sauvé Paris des Boches. » En fait, il faudra attendre les années trente pour que Jean Galtier-Boissière, le fondateur du *Crapouillot* qui écrivait aussi dans le *Canard*, nous donne sa vision de la Cour spéciale de Justice qui refusait de réhabiliter le lieutenant Chapelant, fusillé « pour l'exemple » au bois des Loges. Cet officier, prisonnier des Allemands, blessé, s'était évadé mais, revenu dans nos lignes, son colonel l'accusa de capitulation. Il fut apporté sur un brancard devant le conseil de guerre. Une salve l'acheva contre un pommier. L'article s'intitulait : « C'est le sort le plus beau ».

Le *Canard* n'avait jamais cessé de cogner sur ce traître de Gustave Hervé, lequel avait accroché à son balcon le drapeau du tsar ; il avait également emporté l'élection de « Grand chef de la tribu des bourreurs de crâne » avec quelque deux cents voix de plus que Maurice Barrès. Désormais, le journal se découvrait un nouveau traître, un homme naguère estimable passé du camp des hommes libres à celui des censeurs, Clemenceau, auquel *Le Canard enchaîné* devait la moitié de son titre : le 16 novembre 1917, il était devenu président du Conseil.

Au début de la guerre, des blessés avaient été transportés à Bordeaux dans des wagons à bestiaux ; ils avaient chopé le tétanos. Dans son *Homme libre*, Clemenceau avait dénoncé le Service de santé et son journal fut suspendu pendant une semaine, alors il avait hurlé en réclamant la fin de la censure, mais, dès qu'il fut président du Conseil, il convoqua le commandant Nusillard, patron de cette censure, qui craignait pour l'avenir de son poste :

– Est-il exact, Monsieur le Président, dit le malheureux, que vous avez décidé de supprimer la censure ?

– Moi ? répondit Clemenceau. Supprimer la censure ? Jamais ! Vous êtes mes meilleurs gendarmes !

Pour prouver sa subite affection, le grand homme livra ses consignes : « Ne seront plus désormais censurées que les informations ou publications capables de troubler la paix civile ou touchant le pacifisme, les grèves, la personne du président de la République. » Interdictions et arrestations se multiplièrent. Georges Mandel, le chef du cabinet de Clemenceau, donna lui aussi des instructions à ce brave Nusillard, dont celle-ci :

« 1. Les extraits de la presse allemande favorables à M. Caillaux peuvent passer.

2. Les extraits de la presse allemande défavorables à M. Clemenceau peuvent aussi passer. »

Il s'agissait d'écarter des adversaires personnels, Joseph Caillaux et Louis Malvy qui prônaient des idées pacifistes et subventionnaient un journal hostile au pouvoir, *Le Bonnet Rouge*, dont le directeur, Almereyda, venait de se suicider en prison : officiellement, il s'était étranglé dans sa cellule, tout seul, avec un lacet. Quant à Malvy, comme il avait refusé naguère d'arrêter des syndicalistes et des socialistes hostiles à l'uniforme, on l'accusa d'avoir favorisé les mutineries : pour éloigner ce gêneur il fut banni pendant cinq ans. À son propos, le *Canard* inventa cette morale : « Le plus grave tort, pour un accusé, c'est de n'être pas coupable de ce dont on l'accuse. »

L'époque était à la délation. Chacun se méfiait de son voisin et l'accusait de travailler pour l'ennemi. Les journaux pourtant patriotes se chamaillaient : *La Victoire* de Gustave Hervé et *Le Pays* d'Albert Dubarry se soupçonnaient mutuellement d'être payés par les Boches. *Le Journal* du sénateur Humbert, qui réclamait depuis quatre ans des canons et des munitions, se retrouva accusé. Le *Canard* lui-même se débattait au beau milieu de ce flot de sottises ; il recevait des lettres anonymes et vengeresses : « Le poteau de Vincennes est près de la mare aux canards ! » Le *Canard* se défendit à sa manière en demandant de passer, non devant la Haute Cour, mais devant la Basse-Cour !

Peu avant l'armistice qui mit fin à la guerre, à l'automne 1918, une épidémie relaya les bombes. La grippe espagnole, qui tua près de cent millions de personnes dans le monde, était soumise à son tour aux règles de la censure. *Le Matin* put écrire que la grippe, en France, était bénigne : « Nos troupes, en particulier, y résistent merveilleusement. Mais, de l'autre côté du front, les Boches semblent très touchés. » Et l'évêque de Cherbourg inaugura des oraisons antigrippe. Cela n'empêcha pas Guillaume Apollinaire d'en mourir.

3

Comment le Canard traverse les années folles

Première Année. – N° 17

20 centimes

Samedi 20 Août 1921

Le Pélican

HEBDOMADAIRE GAI

Rédacteur en Chef : RODOLPHE BRINGER

MES JOIES

LA PLUIE ET LE BEAU TEMPS

PÉLICANCANS

MÉDAILLON

Sainte Lavallière

Conseil aux Malandrins

PETITS DRAMES CONJUGAUX

Les Allumettes

LA SEMAINE DE PELUQUET

PELUQUET A TROUVÉ UN APPARTEMENT

LE POINT NOIR

Numéro 17 de l'hebdomadaire *Le Pélican* publié le 20 août 1921.

Après une interminable guerre aux millions de morts, on dansa le charleston. Les images de l'époque nous montrent un Paris en fête. Les femmes avaient partout remplacé des hommes partis au front ; elles s'émancipaient, portaient des cheveux courts, de larges écharpes et des tuniques à taille basse. Le rondouillard Paul Poiret en guêtres blanches régnait sur la mode revenue, et ses garçonnes sortaient en robe trapèze de leurs Hispanos. Kiki de Montparnasse se montrait à *La Rotonde*, Man Ray la photographiait et Modigliani peignait cent fois son portrait. Les démobilisés cherchaient une compagne, fuyaient le mariage et les enfants. Les surréalistes faisaient scandale à *La Closerie des lilas* où le poète Desnos se suspendait à une tringle à rideaux et où Michel Leiris chantait « À bas la France ! » avant de se laisser embarquer dans un fourgon de police.

Tout n'était cependant pas aussi flambard. Les restrictions persistaient même si les rations augmentaient. Le *Canard* était à la peine. Comment conserver ses fidèles une fois la paix revenue ? Fallait-il inventer une nouvelle formule ? de nouveaux objectifs ? Le tirage de l'hebdomadaire grimpait chaque année mais les difficultés subsistaient. « Souvenez-vous, ô lecteurs, de ce que nous avons été », écrivait-il à l'ouverture de 1919 :

« Souvenez-vous de ce modeste *Canard* qui fut souvent votre joie aux heures les plus sombres et qui, toujours, prit votre défense ? Souvenez-vous que nous fûmes votre ami et que, malgré la censure et les imbéciles, nous avons trouvé le moyen de dire en riant dans nos quatre petites pages hebdomadaires plus de vérités qu'il n'en fut jamais dit dans les grands quotidiens. Souvenez-vous ! lisez-nous ! Soutenez-nous ! »

La presse humoristique se portait mal, qui n'avait plus de généraux ineptes à désigner et à moquer. Bien sûr, le *Canard* persévérait à tenir sa ligne iconoclaste et vengeresse, mais il n'avait plus le monopole de la bouffonnerie : que dire sur le président Deschanel que personne ne savait ? Qu'il grimpait aux arbres dans le parc de l'Élysée ? Qu'il avait un grain ? Que le 24 mai 1920, allant inaugurer un monument à Montbrison avec une cinquantaine de personnalités, il tomba du train en pyjama : on le retrouva du côté de Montargis qui errait le long de la voie ferrée et la garde-barrière confia aux journalistes : « J'ai bien vu qu'c'était un monsieur, il avait les pieds propres. » L'anecdote courut dans le pays sans qu'il fût besoin de notre Palmipède. Restaient les indignations. Gassier dessina Raoul Villain, cet étudiant en archéologie qui perfora de trois balles le crâne de Jaurès en lui tirant dessus par une fenêtre ouverte de *La Chope du Croissant*. Eh bien le bougre venait d'être acquitté. « Est-ce qu'on lui a rendu son revolver ? » demandait Gassier. Et n'était-ce pas à cause d'un insolent pavé du *Canard* que Poincaré fut longtemps surnommé « l'homme qui rit dans les cimetières » ? Voici ce bref commentaire d'une photographie publiée par *L'Humanité* :

« Au premier plan, M. Poincaré rit d'un rire franc, large, épanoui. Derrière lui, un préfet a l'air satisfait d'un Léopold II en goguette. Autour d'eux, des croix de bois, encore des croix de bois… Le tout est d'une éloquence tragique. Car *L'Humanité* a inscrit en épigraphe cette phrase parue dans *Le Matin* :

"Ensemble, ils étaient allés s'incliner devant les tombes innombrables d'un cimetière du Faubourg-Pavé. Ensemble, ils étaient allés se recueillir quelques instants à la lugubre Tranchée des Baïonnettes".

« Chacun s'incline et se recueille à sa manière. M. Poincaré rit. »

Ce fut aussi dans les années vingt que la première « noix d'honneur » fut épinglée à la boutonnière d'un ignorant :

« Imitant en cela son grand confrère *Le Matin*, qui créa jadis "la médaille du *Matin*", si recherchée aujourd'hui, et résolu à honorer le vrai mérite partout où il se rencontre, *sans aucune considération de tendance politique ni d'opinion religieuse*, le *Canard* a décidé d'accorder, toutes les fois que les circonstances lui en fourniront l'occasion, et hebdomadairement s'il le faut, une distinction honorifique spéciale à ceux pour lesquels elle paraît s'imposer. »

Le 14 janvier 1922, la première noix tomba sur la tête de M. Louis Latzarus, rédacteur en chef du *Figaro* pour une forte bourde d'ampleur historique glissée dans son édito : « Attendons la réunion de Cannes, en tâchant d'oublier que ce nom marque l'une des plus grandes défaites de l'histoire. » Il fut donc décidé à l'unanimité de décerner la noix à un journaliste qui confondait la ville de Cannes, Alpes-Maritimes, avec la bataille de Cannes qui se livra naguère en Apulie et où les armées romaines furent écrasées par Hannibal le Carthaginois. « Cette sottise montrait l'importance qu'il fallait accorder aux articles politiques du *Figaro* », ajoutait le *Canard* d'une palme sévère mais juste.

Si le nombre des lecteurs croissait, les finances étaient au plus bas. Le prix du papier avait été multiplié au moins par sept depuis le début de la guerre, parce que l'armée avait utilisé en excès le bois ; elle avait détruit combien de forêts au canon ? et combien de troncs avaient-ils servi à étayer les tranchées ? En outre, la monnaie avait dégringolé ; le prix de vente d'un journal couvrait à peine les dépenses obligatoires. Comment payer l'imprimeur et les journalistes ? Maréchal se résigna à passer des publicités dans les pages du *Canard*, comme le faisaient sans vergogne les autres publications, mais il était réticent, persuadé que les idées et l'argent se mariaient mal. L'expérience fut courte. On vit apparaître des encarts payants pour vanter des livres, puis les magasins Félix Potin. Ce fut tout. Maréchal chercha d'autres moyens de financement. D'abord des moyens honnêtes pour accentuer les ventes. On changea le titre pour *Le Canard déchaîné*, un canard joyeux déployait ses ailes, débarrassé du carcan de la censure. Cela ne changea rien ; au bout de six mois on en revint au *Canard enchaîné*, bien installé dans les habitudes de ses lecteurs. Alors, où dénicher des sous ? Comment ? Le journal devait s'autofinancer. Des actionnaires ? Pas question, ils risquaient de fourrer leur nez partout. Un emprunt ? Sûrement pas, nous en sortirions débiteurs. Les réclames ? On leur avait dit adieu de façon définitive. Le *Canard* devait tout dire sans contraintes d'aucune sorte et consolider une indépendance farouche. Maréchal imagina à ce moment un autre journal qui naviguerait en parallèle avec son vaisseau amiral, différent de ton et de thèmes, plus littéraire, plus sérieux ; ce fut l'expérience du *Quotidien de Paris*, qui sortirait tous les matins et devrait répondre à la demande de lecteurs mal satisfaits, ou du moins incomplètement, de leur satire hebdomadaire. Il fallait prouver qu'une pareille publication était viable grâce à ses seuls acheteurs, parce que sans compromissions, rigoureuse. Un mois plus tard ce quotidien idéal sombra. Ce fut un fiasco commercial. Cet échec n'empêcha pas Maréchal de récidiver plus tard avec *Le Pélican* qui parut en 1921. À sa tête il mit Rodolphe Bringer, qui venait du *Canard*. On put découvrir ces lignes enthousiastes dans l'hebdomadaire nourricier, à la date du 4 janvier et en page 3 : « Le succès de l'enfant adoptif du *Canard* a été considérable. À Paris, comme dans les départements, les exemplaires se sont presque tous enlevés dans la journée de samedi. L'ami Bringer a le sourire et ses lecteurs itou. Il n'y a plus qu'à continuer samedi prochain. »

Malgré cet optimisme, les invendus des quinze mille exemplaires tirés s'empilaient. *Le Pélican* n'était en fait qu'un décalque de l'original. Il n'apportait rien de supplémentaire et, surtout, rien de neuf, en publiant comme il l'avait annoncé « des romans, des contes, des nouvelles, des échos et des dessins ». La Fouchardière ou Tristan Bernard venait à l'occasion épauler ce brave Bringer, mais, pour manquer de piquant, cette seconde expérience tourna court et sombra également. Entre ces deux tentatives, une autre se glissa, bien différente, pour aider le *Canard* à s'étoffer. Maréchal aimait le spectacle et décida d'acheter un théâtre. C'était une salle de mille places, l'*Éden*, qui avait été aménagée récemment par un roi du music-hall, lequel avait du mal à la remplir de spectateurs. Mille places, se disait Maréchal, les lecteurs du *Canard* vont s'y bousculer. L'endroit fut rebaptisé « théâtre du Boulevard » car il était à deux pas des grands boulevards, au 8 de la rue du Faubourg-Montmartre. L'équipe du journal fut mise à contribution pour boucler une revue à son image. Victor Snell et Maréchal en personne s'attelèrent à l'écriture. On inaugura bientôt l'endroit avec *La revue du Canard enchaîné* qui eut un joli succès. On y parodiait les Ballets russes, les drames à la mode, l'actualité parisienne. Ces sketches de cabaret figuraient avant l'heure les Branquignols de Robert Déry et le public semblait heureux. Pour *La Lanterne* il fallait y courir, c'était très moderne et très en vogue : « La revue des ridicules, des injustices, des sottises et des erreurs contemporaines par la simple présentation des événements connus et commentés. » Hélas ! le renom du *Canard enchaîné* ne suffit pas et le spectacle suivant fit un four. Maréchal dut céder son théâtre l'année suivante à deux véritables saltimbanques qui surent le ressusciter. Ils transformèrent l'*Éden* en temple du music-hall et imposèrent un nouveau nom, plus accrocheur, qu'ils flanquèrent en lettres géantes au fronton, un nom qui resta longtemps lumineux et se retrouva soixante ans plus tard au cœur de la fête parisienne : *Le Palace*.

Ce qui tournait les sangs à Maréchal, comme on dit dans le Midi, c'était un homme, un concurrent, un chapardeur d'idées, Eugène Merlo, dit « Merle », qui venait de lancer une vile copie du *Canard* avec son hebdomadaire humoristique paraissant le vendredi, *Le*

Merle blanc. Ce journal nouveau se présentait comme joyeux, léger, d'une gaieté gauloise. C'était une parodie du *Canard*, qu'il démarquait en l'accentuant : plus de textes, plus de dessins, plus de tout, trop de tout. La force d'Eugène Merle était dans l'excès. Il ne s'y connaissait peut-être pas en journalisme, mais en commerce, oui. Les dépôts de presse croulaient sous les exemplaires du *Merle blanc*, pour indiquer aux crédules que la demande était forte et le succès considérable. Vous preniez un abonnement ? Les hommes recevaient une montre en cadeau et les femmes une paire de bas de soie. Merle avançait le chiffre de huit cent mille lecteurs, mais il exagérait là encore et par voie d'affiches. À force de répéter des sornettes, les gens finissent par y croire. N'oublions pas que Merle était un Marseillais et qu'il faisait annoncer la parution de son titre, à la campagne, par le tambour du garde champêtre ; comme chez Pagnol.

Maréchal avait croisé ce fripon avant guerre, sans doute à l'imprimerie de *La Guerre sociale* de Gustave Hervé où ils écrivaient des papiers féroces contre l'ordre établi. Merle, ancien ouvrier maçon, fréquentait alors les milieux anarchistes, fit des séjours en prison, au moins un à Clairvaux où il connut Hervé en cellule et devint son administrateur. Quand la guerre éclata, il contredit ses textes et accepta d'être mobilisé. Il devint sergent ; à force de poiroter dans une tranchée en lisant *Le Canard enchaîné*, il s'interrogea longuement sur cet hebdomadaire, le refaisant dans sa tête, l'améliorant, le développant, l'imaginant à sa mesure, laquelle était par nature outrée. Voici ce que raconte Henri Béraud dans *Les Derniers Beaux Jours* : « Il voyait gigantesque, il voyait colossal, il voyait cyclopéen. À l'entendre, nul ne pouvait résister à ses invites. Il lui fallait tous les talents, tous les succès ! Il se prenait pour un marchand de gloire et ce n'était, assurait-il, qu'une question de prix. » Comme on l'aura deviné, Merle débaucha des dessinateurs et des journalistes du *Canard*. Maréchal enrageait, l'ambiance de son journal se dégradait, ses humeurs se concentraient sur ses fidèles, il maudissait les traîtres. Gassier et Guérin s'en allèrent dessiner chez Merle, La Fouchardière et Béraud les rejoignirent. Hors de lui, Maréchal invectivait son rival, l'accusait d'être un indicateur de police et de toucher des subsides du ministère de l'Intérieur, ce qui faisait rire son adversaire, lequel tirait de son veston une enveloppe bourrée de billets de banque en déclarant d'une voix de comédie : « À partir d'une certaine somme on ne touche plus, on émarge, Môssieur ! » Il amusait la galerie. Il avait gagné. Cependant, il monnayait bien ses services, la chose se répétait, et quand il recevait des sommités dans sa luxueuse villa de Barbizon, comment douter qu'il se renseignait sur les affaires politiques en échange de ragots ? Enivré par ses relations mondaines, ce flambeur de Merle se révéla un piètre administrateur. Ses œuvres le dépassaient, qu'il ne maîtrisait plus, et lorsqu'en 1928 il échoua à la députation, *Le Merle blanc* avait déjà cessé de paraître, au grand bonheur de Maréchal : grâce à ses lecteurs, à leur fidélité, à leur propagande encouragée, le *Canard* tirait à 89 000 exemplaires chaque semaine à la fin des années vingt. Il naviguait désormais à côté des quotidiens de Gustave Téry, *Bonsoir* et surtout *L'Œuvre* qui, par un ton direct, tranchait sur la grande presse de l'époque, plus conventionnelle et plus sage. Voyez sa salle de rédaction, elle symbolisait à merveille le bourdonnement fécond que racontaient Dumas ou Zola : « Quel tohu-bohu, se souvenait Jeanson, quelle tabagie ! Partout, des groupes discutant, plaisantant, philosophant, échangeant des secrets d'État contre des épigrammes. Tout l'esprit de Paris tenait dans ces quelques mètres carrés. L'art de la conversation était pratiqué là par des virtuoses, dont les articles si légers, mais si nourris, prolongeaient spirituellement les bavardages. »

Les deux rédactions se confondaient souvent. Snell donnait à *L'Œuvre* sa rubrique « La Grammaire en Zigzag », La Fouchardière des chroniques d'humeur, d'autres des échos politiques ou des critiques théâtrales. Parfois, des dessins refusés dans le *Canard* se retrouvaient dans le journal jumeau, comme de nos jours des caricatures osées de Cabu étaient publiées dans *Charlie*. Ces rapprochements étaient facilités par la proximité : le *Canard* et *L'Œuvre* étaient installés tous deux au 9 de la rue Louis-le-Grand, près du boulevard des Capucines ; l'un occupait le troisième étage sur la cour et l'autre ouvrait ses fenêtres sur la rue. Ils tiraient leurs publications dans la même imprimerie et se fréquentaient au *Café du cadran*, pour rivaliser en bons mots et siroter des lampées de juliénas. Maréchal instaura à cette époque une tradition, celle du déjeuner aux *Caves Murat*, juste après le bouclage hebdomadaire. Journalistes et typos se retrouvaient dans l'arrière-salle pour une immuable cérémonie fort arrosée où l'on ripaillait au boudin.

À la dérision, le *Canard* ajouta la polémique. Ses journalistes s'emparèrent des grandes affaires et des grands scandales de l'époque, qui ne manquaient pas, et ils livrèrent vertement leurs sentiments avec leurs indignations ; le journal humoristique devenait satirique. Pour accabler les salauds, on les coursait autour du monde. Ce fut le cas en 1927 avec un texte de Pierre Scize intitulé : « Sacco et Vanzetti et le goût du sport ». Ces deux anarchistes italiens, émigrés aux États-Unis, étaient condamnés à mort sans preuves ; il y eut une émeute à Paris quand on annonça leur exécution imminente en plein mois d'août. Ils avaient mijoté pendant six ans dans un cachot, et un jour, comme ça, le juge Fuller décida de les expédier sur la chaise électrique pour y griller comme des tartines. Ils avaient tué ? volé ? livré des secrets ? Non, ils étaient innocents mais italiens, anarchistes de surcroît. Ils devaient écoper pour l'exemple, méritant le beau titre de « lampiste » que le *Canard* allait inventer pour désigner un couillon qui n'a rien fait mais se laisse accuser, quand les vrais coupables se gobergent. Scize, en bon polémiste, s'en prenait donc à une injustice spectaculaire, il en bavait de fureur sur les tribunaux américains :

« J'aime qu'"ils" aient attendu patiemment que le monde entier fût certain de leur innocence pour exécuter enfin Sacco et Vanzetti.

« Les asseoir d'emblée sur une chaise foudroyante lorsque quelques centaines de personnes seulement étaient au fait du déni de justice, cela n'eût pas été si beau, si complet, si américain.

« Le goût du record qui est à la base de l'éducation yankee sut patienter le temps qu'il fallait pour obtenir enfin la plus grande injustice "in the world"…

« Sacco… Vanzetti…

« Au début, ces deux noms paraissaient seulement dans les feuilles vouées aux opinions excessives. Ces patronymes étrangers sur une affiche écarlate n'apprenaient rien aux personnes des villes. Si l'on s'informait :

– Ce sont des anarchistes, répondait-on évasivement. »

Puis Pierre Scize s'en prenait au juge qui avait prononcé la sentence :

« Le rouge au front me monte et je mâche des cendres et j'ai les mains glacées en songeant qu'à l'heure où j'écris, dans leur geôle yankee, Sacco et Vanzetti, gorgés d'horreur, vivent encore, et que leur dépouille à jamais froide commencera à se défaire lorsque paraîtront ces feuillets.

« On me dit qu'il n'y a plus rien à espérer, que tout a échoué devant l'indestructible orgueil d'un homme qui ne veut pas s'être trompé. Je lis les déclarations cyniques de ce personnage, dans les journaux. Il est le juge inexorable. »

Après une bordée de considérations amères sur la fausse idée que nous avions de l'Amérique, Scize donne sa leçon :

« Ce n'est pas avec des dollars, des machines et des avions perfectionnés qu'un peuple témoigne de la grandeur. C'est par le sentiment fraternel qu'il possède de sa condition humaine, c'est par sa fidélité à des idéaux plus grands que vos buildings, par le respect de la loi morale et de la justice, par tout ce dont, enfin, nous vous crûmes pétris, alors qu'il semble aujourd'hui que c'était là un vernis que chaque jour craquelle un peu plus…

« Sacco et Vanzetti morts, il n'est plus sur terre une voix qui, s'élevant pour défendre votre grandeur, ne bronche et défaille, d'abord. L'étincelle électrique qui crépitera sous leur casque mortel sera comme cet éclair qui, un jour, fendit le voile du temple à Jérusalem.

« À cette lueur blême, nous ne pouvons plus reconnaître vos visages clairs qui, naguère, entre deux éclatements d'obus, nous promirent la paix…

« Et elle efface jusqu'à ton souvenir, Charles Lindbergh ! »

Eh oui, il était tout frais le souvenir de Lindbergh cet Américain de vingt-cinq ans qui avait franchi l'Atlantique en avion pour la première fois. Quinze jours plus tôt, on avait attendu le même exploit de deux compatriotes, Nungesser et Coli ; ils devaient rejoindre New York depuis Paris, mais leur *Oiseau blanc* était tombé au fond de l'Océan. On n'apprit pas tout de suite la fâcheuse nouvelle. Un accident semblait impensable, à tel point qu'un quotidien du soir, *La Presse*, publia sans hésiter, le 10 mai 1927, un reportage totalement inventé sur l'arrivée en Amérique de nos deux héros. Quand la foule connut la vérité, elle brisa les vitres du journal menteur, qui cessa de paraître. Voilà un sujet pour le *Canard* ; il reproduisit *in extenso* le reportage bidouillé de son indélicat confrère qui, dans le genre, reste un modèle indépassable :

« 5 HEURES, NEW YORK

« Lorsque l'avion de Nungesser apparut au-dessus de la rade de New York, le commandant Foullois, chef de l'aviation maritime de chasse s'était porté à son devant avec une escadrille et, dès que l'avion fut en vue, les sirènes des bateaux mugirent et les bâtiments hissèrent le pavillon. De nombreuses embarcations de plaisance s'étaient portées au large de la baie, ainsi que plusieurs avions militaires, du service postal, et civils, ces derniers loués par les agents cinématographiques et les grands journaux.

« L'amerrissage se fit dans d'excellentes conditions et l'appareil fut aussitôt entouré de nombreuses embarcations, tandis que plusieurs appareils le survolaient à basse altitude.

« Nungesser et Coli, après s'être posés sur l'eau, restèrent un instant immobiles dans leur appareil comme insensibles aux acclamations qui montaient des embarcations qui les entouraient. Puis ils se levèrent tous deux de leurs sièges et s'embrassèrent. Un canot automobile vient se ranger le long du fuselage de l'avion et conduisit Nungesser et Coli à quai. Une foule immense les attendait…

« Nungesser n'a fait aucune déclaration sur son voyage : il a simplement dit qu'il était heureux d'avoir réussi et qu'il avait hâte de se reposer. »

Tout cela était habillé d'une titraille de choc, clinquante à souhait : « Les émouvantes étapes du grand raid » ou ce mensonge en lettres énormes : « Nungesser et Coli ont réussi ». Le *Canard* dénonçait cette maladie de l'exclusivité qui frappait la grande presse, et la frappe encore, pour laquelle il fallait d'abord publier l'information avant ses confrères, quitte à la romancer, à l'exagérer, à la fabriquer. La vérité ? Quelle vérité ? Son apparence suffit, qui doit se présenter comme vraisemblable ou souhaitée par un large public. Être le plus rapide, et de préférence le seul, c'était la loi. Le lecteur frémissait et tirait la langue, il fallait lui donner sa pitance. À ce propos, on citait le cas de J. J. Smith, le roi des reporters, qui câblait ses dépêches aux grands quotidiens de Chicago et de New York. Le gouvernement avait refusé de lui accorder une carte d'entrée pour la cérémonie des obsèques du général Barker. Le reporter pénétra quand même dans la chambre mortuaire, par la cheminée, et il se faufila parmi les invités recueillis. Dans un salon, il avisa un chapeau, posé sur un guéridon. Il regarda dans la coiffe, y découvrit un rouleau de papier qu'il fourra dans sa poche, puis, à l'abri d'une porte, déroula le papier : c'était le discours que devait lire le clergyman sur la tombe. Il fila aussitôt avec son butin. Le quotidien qui l'appointait publia dès l'aube le texte authentique quand le pasteur, sur place, fut obligé d'improviser un autre discours moins troussé. La vérité, figurait à la une du journal, le cafouillage dans la réalité.

L'équipe de Maréchal était aux antipodes de ces pratiques. Une information se vérifiait, se recoupait, se publiait brute et sans masques. Ou bien elle donnait lieu à des plaisanteries. Le *Canard* ne menait pas alors de longues enquêtes ni ne révélait des scandales méconnus, mais, dans ces années-là, montrait son humeur et ses opinions. Si l'actualité qu'il traitait était orientée, c'était dans le sens de la justice. Quand l'affaire de la *Gazette du franc* éclata, Pierre Scize poussa son coup de gueule. De quoi parlait-on ? D'une escroquerie. Marthe Hanau se prétendait banquière et avait grugé une foule de petits épargnants. La banquière se comportait comme tous les banquiers, elle avait joué avec l'argent que des gogos lui avaient confié, elle avait fraudé, elle avait perdu ; on l'arrêta. Ce n'était pas une professionnelle, puisqu'elle avait été prise. Au même moment, le bandit Al Capone, en véritable professionnel, faisait élire l'un de ses hommes de paille à la mairie de Chicago. Pierre Scize refusait de s'apitoyer sur le sort des grugés ; dans « Paroles pour celle qui est à l'ombre » il expliqua que la morale n'était pas où on la croyait :

« N'espérez pas que la saignée qui atteint ce que l'*Intran* appelle, sentimental et navré “le monde de l'épargne”, me soutirera quelques adjectifs lacrymogènes.

« D'abord parce que rien n'est plus logique que ce qui arrive là au "monde de l'épargne". L'argent, le pauvre argent que, sous à sous, vous avez économisé, vous privant d'un plaisir, d'une robe ou d'un bon repas, vous privant de vivre en un mot – ô Vie ! seule véritable richesse ! – cet argent était destiné à vous être enlevé.

« On ne vous l'avait donné que pour ça, innocents ! Les maîtres de vos destinées, vos patrons, établissent vos salaires d'une manière très simple : le salaire d'un homme, c'est la somme nécessaire et tout juste suffisante pour qu'il puisse continuer à travailler sans mourir de faim, de froid ou de désespoir. C'est une somme strictement calculée pour lui permettre de manger, de boire, de se vêtir, de se loger et de se payer une tranche mesurée au plus juste d'un paradis artificiel : tabac, alcool, amour, cinéma…

« Si vous trichez, si vous ne restituez pas immédiatement à la circulation le pèze qu'on vous refile au bout de la semaine ou du mois, si, par le moyen de l'épargne, vous manquez à la règle du jeu social, alors on s'arrange pour vous reprendre, par des voies détournées, cet argent frauduleusement préservé.

« On vous le reprend en augmentant l'impôt, en agissant sur le cours de la rente, en "mettant en accord les indices", comme disent dans leur jargon sibyllin les économistes à gages qui ont la charge d'expliquer les causes de l'enchérissement général du coût de la vie.

« Vous en reste-t-il encore ? On vous le demande de plus belle. Contre quoi ? Contre de l'espérance. Ce bel argent-papier, avec quoi vous pouviez acquérir des choses tangibles, cette bouteille de vieux vin, ces fruits mûrs, ce sourire, ce voyage tentant, on vous l'échange contre un autre papier avec lequel vous ne pouvez plus rien acheter. Mais vous pourrez garder l'espoir qu'il va accroître ce chiffre inutile, prodigieusement vain, négatif et vide, qui est celui de vos économies.

« Mme Marthe Hanau n'a pas fait autre chose que ce que font des centaines de messieurs très bien, tous décorés de la Légion d'honneur, brillamment apparentés, reçus partout et dont le métier est de vivre sur vous comme la punaise sur le bois de lit. »

À choisir, Pierre Scize préférait Marthe Hanau ; elle spéculait sur le vide et l'avidité des poires qui croyaient à ses sornettes. Et si ses clients ne correspondaient pas à l'idée qu'on se fait des « honnêtes gens » ? Ses victimes ? Scize les accablait :

« Des sots qui, la tête farcie d'histoires financières rocambolesques, croient leur heure venue. Des sots qui se supposent malins, des envieux qui courent après la richesse, des paresseux qui espèrent bien vivre à ne rien faire, quelques coquins maladroits qui flairant l'escroquerie, y participent en se disant : "Je tirerai toujours mon épingle du jeu".

« Et puis des crédules, des gens au crâne piriforme, vertueux, bien-pensants et qui ont cru depuis leur enfance à tous les miracles, à tous les mystères depuis ceux de l'incarnation et de l'Immaculée Conception jusqu'à ceux de Rochette et de la rente d'État, en passant par les fonds russes et les emprunts de guerre.

« Ce troupeau mené, encadré par la presse jusqu'aux guichets de souscription, a financé la guerre, l'autocratisme slave, la ploutocratie yankee, les perceurs d'isthme ou de trous à la lune, les fabricants de diamants et les défenseurs de l'ordre.

« Et il faudrait les plaindre ? »

Pierre Scize ne s'appelait pas Pierre Scize. Il s'appelait Pierre Piot, était né peu avant le siècle à Pont-de-

Chéruy, dans l'Isère, et, comme il se destinait au théâtre, il entra au conservatoire de Lyon puis à celui de Paris. La guerre survint comme il déclamait une tirade du *Cid* et il se retrouva au 31e d'infanterie. Il en revint avec le bras gauche en moins, mais tant pis, il écrivait de la main droite et s'en servit pour noircir les colonnes de *L'Œuvre*, où il se lia avec Henri Béraud. Il avait cependant un problème et s'en ouvrit à celui-ci :

– Henri, je ne peux pas signer mes articles…

– Tu veux rester dans l'ombre ?

– Non, pas du tout, mais le rédacteur en chef s'appelle Piot, comme moi. Ça aurait l'air de quoi, deux Piot à *L'Œuvre ?* On me prendrait pour son fils ou pour son cousin, tu vois le problème ?

– Non, je ne vois pas, dit Béraud. Tu n'as qu'à prendre un pseudonyme et le garder.

– Tu as une idée ?

– Tu as vécu à Lyon ? Oui ? Eh bien choisis-toi un nom parmi ceux des quais du Rhône ou de la Saône.

– Il y a un quai Ampère ?

– C'est un lycée, et puis tu ne vas pas prendre le nom d'un type qui a existé et qui est trop connu… Tiens ! le quai d'Enscize ? Ça veut dire « pierre fendue » en lyonnais, or tu t'appelles Pierre et tu es un peu fendu du ciboulot.

– Un peu long…

– Coupe ! Que dis-tu de Scize ?

– Va pour Scize.

Béraud dira plus tard : « Scize, il me doit tout, et même son nom. » Ce fut un nom de polémiste redouté. Il sévit bientôt dans le *Canard*, qui lui donnait de la place pour ses gueulantes. Pacifiste intégral, défenseur des objecteurs de conscience, hostile à la dictature soviétique qui dès sa naissance devint ce qu'elle fut, il ne se priva pas de dénoncer ce communisme meurtrier des libertés individuelles ; n'oublions pas que les premiers goulags fleurirent sous Lénine, simplement grandis en système sous Staline. *L'Humanité* devenait un journal belliciste, et le Parti communiste français, récemment sorti du congrès de Tours, semblait suivre les consignes de Moscou. Le journal de Jaurès ! Pierre Scize enrageait : « Un parti qui, pour triompher, a besoin de restreindre ou d'abolir les libertés de l'individu ne travaille jamais pour le bonheur des hommes. » En quelques mois, Pierre Scize était devenu le maître des diatribes, mais, parfois, il montra ses talents de prophète, notamment quand il parla de l'Indochine des années vingt :

« De Saïgon à Hanoï, des Blancs sont occupés à boire aux terrasses des cafés de frais apéritifs, cependant que dans les quartiers en torchis, les anciens propriétaires du sol vivent d'une existence chétive et méprisée. Tout semble aller bien ainsi. Les Blancs ont de belles villas ornées à profusion de meubles indigènes et des dernières conquêtes de la civilisation. Ils "font" du caoutchouc, du riz, du charbon, c'est-à-dire que, dans les plantations, les rizières et les mines, des hommes jaunes sont admis à l'honneur de travailler pour enrichir leurs maîtres… Ils ont l'air content, ils ne disent rien. »

Mais il y eut ce que la grande presse nomma « les incidents de Yen Bay ». Une dizaine de Vietnamiens avaient pénétré de nuit dans une chambre où ronflaient joyeusement des officiers français. À quoi rêvaient-ils ? On ne le sut jamais parce que les rebelles vietnamiens les débitèrent en morceaux avec des coupe-coupe. L'armée attrapa les assassins, la justice les condamna et la guillotine se leva sur la place de Yen Bay. Voici donc le simple incident relaté par la grande presse comme un simple fait divers crapuleux. Rien sur les causes de cette tuerie que nous expliquait Pierre Scize :

« De la lente révolte d'un peuple bafoué dans ses traditions, sa culture, sa foi, d'une nation foulée aux pieds par le conquérant, traitée comme un bétail : les hommes à la mine, soldats ou domestiques, les filles servantes ou, tant qu'elles montrent quelque agrément, favorites, de tout cela qui, plus qu'une faction politique, a transformé ces hommes débonnaires en assassins nocturnes, de tout cela pas un mot. » Et Pierre Scize d'appeler à son aide Vercingétorix et ses guerriers qui trucidaient du centurion romain, Vercingétorix qui devint synonyme d'indépendance et de libération. La décolonisation était déjà en marche dans la cervelle de Pierre Scize.

Peu d'années après, en 1933, la photo de Scize trônait à la une du *Petit Parisien* et Maréchal faillit s'en étouffer. Quoi ? Son collaborateur venait de recevoir la Légion d'honneur du ministère de l'Éducation nationale ? C'était un motif de rupture. Scize fut donc prestement congédié pour ce méfait. Tant pis. Son talent, on s'en passerait. Le seul honneur qui comptait aux yeux de Maréchal, c'était celui du *Canard*, et de son indépendance.

4

Un Canard sauvage contre les années trente

Invitation du « Club des Canards ».
Dessin de Grove.

Sous le nom de Maurice Morice, Maréchal avait pondu un billet pour nous avertir que l'Académie française venait d'admettre dans son dictionnaire un mot grossier mais célèbre du général Cambronne : « Enfin ! on va pouvoir dire m… officiellement. Cette nouvelle va remplir de joie le cœur de tous les Français qui avaient pris la facile habitude de se servir officieusement d'un vocable plus spécialement destiné à marquer dans l'Histoire le degré de sympathie dont jouissaient jadis auprès de nous nos bons amis les Anglais… » Les quarante du quai de Conti, qui n'étaient ce vendredi que cinq, avaient voté en faveur du mot *merde*, défendu avec chaleur par le poète Jean Richepin et le maréchal Joffre. Après avoir loué ces deux vaillants, Maréchal concluait par ces lignes : « Et nous nous demandons avec angoisse ce que nous eussions pu répondre un jour, très prochain peut-être, à M. Mussolini… » Merde ! fut un cri du cœur et un mot d'ordre qui répondit dans le *Canard* à ces affreuses années trente où se répandirent comme une épidémie, dans toute l'Europe et jusqu'au Japon, des dictatures musclées. Le ton changea en se politisant, mais il fallait continuer à faire rire de ce qui devait nous faire pleurer.

Il y avait eu une panique à Wall Street à cause des folies de la Bourse, de la surproduction, des ventes excessives à crédit ; les banquiers se jetaient du haut de leurs buildings et s'écrasaient sur les trottoirs sans un égard pour les passants. La crise gagna l'ensemble des pays civilisés. Chez nous, Lucienne Boyer chantait *Parlez-moi d'amour* quand quarante mille chômeurs marchaient sur la mairie de New York ; ils étaient innombrables en Angleterre, en Autriche, en Allemagne où quatorze millions d'électeurs avaient porté M. Hitler à la Chancellerie : dans la foulée, celui-ci avait ouvert ses premiers camps de concentration et lancé le boycott des boutiques juives. Un ancien chroniqueur judiciaire de *L'Œuvre*, Pierre Bénard, à l'époque encore mince, persiflait dans le *Canard* : « Adolf Hitler est au pouvoir en Allemagne, et comment ! À part les journalistes étrangers qu'il expulse, les autres sont bien disposés à ne plus voir en lui seulement un peintre en bâtiment, un primaire et un grossier personnage, mais à le considérer dorénavant comme un monsieur à qui on demande pardon lorsqu'il vous marche sur le pied. » Avant d'être décoré puis mis à la porte, Pierre Scize eut le temps de ne voir en Hitler qu'une baudruche, un tyran d'opérette inventé par les gros industriels. Son antisémitisme ? Poudre aux yeux ! Il n'oserait jamais le mettre en œuvre : « Allons, votre Hitler est laid, brutal, méchant. Mais il n'est pas effrayant. Réactionnaire et militaire, il est condamné. Vainqueur, il entrera dans le bal et tâchera de sourire. Vaincu, il sera balayé comme une épluchure. Enlevez votre épouvantail. Il effraie peut-être les moineaux : pas la colombe. » Au journal, on tenait à souligner le ridicule des despotes, et lorsque Hitler rencontra le gras Mussolini à Venise, il nous offrit une saynète de comédie ; ces deux grotesques faisaient un concours de bras tendus très romains au bord du Grand Canal, l'un criant *Heil !* et l'autre *Alala !*, préfigurant *Le Dictateur* de Chaplin dans une séquence où Hinkel et Raviolini, chez le coiffeur, tournent les manivelles de leurs fauteuils pour être chacun plus haut que l'autre. Bref, le nationalisme allemand n'était-il pas une mise en scène de nos bellicistes pour amoindrir la paix ? Même Galtier-Boissière pensait alors que les propos de Hitler étaient déformés par une presse qui poussait au conflit, pour que les peuples se dressent les uns contre les autres au profit des marchands de canons.

Cet état d'esprit demeura longtemps au *Canard* et, quand Aristide Briand mourut, on lui pardonna son passage à la présidence du Conseil pour ne retenir en lui que le vigilant gardien de la paix. André Dahl lui rendit hommage en le faisant dialoguer avec le Soldat inconnu. L'article se terminait par une mise en garde posthume de Briand :

« On élargit des routes ; ce n'est pas pour le tourisme, c'est pour la guerre. On crée des téléphones ruraux pour la guerre ; on déplace des stations de T.S.F. pour la guerre. La Banque de France amasse de l'or pour la guerre. On peut acheter un avion 20 000 fr. pour la guerre. On fait du sport pour la guerre. La Bourse monte quand on parle de guerre. La grande mercante internationale ne rêve qu'à cela. Les métallurgistes de tous les pays l'ont prévue dans leurs cartels. L'Europe est prise de folie.

« Et l'on a déjà calculé que le Palais de la Société des Nations fera un magnifique hôpital de grands blessés. Voilà ce qu'on ne t'avait pas dit. Tu le sais maintenant…

« Pour rien, comprends-tu, pour rien… Moi aussi. Ma guerre a duré quatorze ans, depuis 1918, et je me suis battu pour rien. Notre destin est le même… »

Composée d'indécrottables pacifistes, la troupe de Maréchal resta longtemps incrédule et refusa de vivre un nouvel avant-guerre. L'hécatombe de Verdun était trop proche, le souvenir en persistait. On s'était massacré pour rien et on le faisait dire au fantôme de Briand ; on courait à la paix au risque de s'aveugler. Voyez comment Pierre Bénard, en mars 1933, parlait de Hitler en relevant des brèves de comptoir :

« On entend dans les bistrots convenables des citoyens à barbe qui portent avec une courageuse dignité l'ennui d'avoir été trop jeune en 70 et trop vieux en 14, s'écrier :

– Qu'est-ce qu'il leur passe, aux communistes !

« Et de se taper, et de se marrer, et de remettre ça au picon-curaçao et à la belote.

« Mais la véritable note est donnée par ce passage du bulletin financier de *L'Éclaireur de Nice* du soir, tel que le cite Paul Faure et qui est ainsi conçu :

“On est d'accord pour penser que la présence de Hitler au pouvoir, du moment qu'il est solidement encadré, comme c'est le cas, par un groupe de généraux, est une garantie d'une longue période d'armement progressif dont les affaires ne pourront que bénéficier”.

« On voit qu'on a eu bien tort de s'affoler de l'avènement de Hitler et que c'est, au fond, un type tout ce qu'il y a de bien, avec lequel il y aura moyen de moyenner, pourvu qu'on soit dans la fabrication de canons ou dans celle de camemberts en plâtre. »

À la rédaction du journal il y eut la relève. La garde montante succédait à la garde descendante. Ceux qui partirent comme Béraud, ceux qui moururent comme Victor Snell, ceux qui furent flanqués dehors comme Pierre Scize se trouvèrent aussitôt remplacés par de fortes gueules, à commencer par Galtier-Boissière dit « le Commodore », « la Galtouse », « le Caïd » ou « le Chevalier Braillard » à cause de sa voix et de sa stature importante. Si vous feuilletez des numéros jaunis de ces années-là, votre œil tombera inévitablement sur le gros article au bas de la page 3. C'est la chronique rageuse de Galtier-Boissière, le directeur d'un authentique journal né dans les tranchées ; *Le Crapouillot* existait encore, mais sans avoir l'audience du *Canard* auquel Galtier confiait ses diatribes avec régularité pour augmenter leur portée. Il avait déclaré que le journal de son ami Maréchal, « cette petite feuille gaie, satirique et roublarde, un journal sans fil à la patte, frondeur, irrespectueux, impeccable », avait pendant la guerre sauvé l'honneur de la presse française. Galtier avait passé la trentaine avec ses cheveux blonds et fournis, sa moustache fine, ses gilets brodés et son melon gris. Partisan des bons mots, des rosseries et du bœuf en daube de chez *Dagorno*, Vialatte l'a peint dans ses *Chroniques des immenses possibilités* : « Le verre en main, la chanson aux lèvres, tonitruant, généreux, féroce, entouré de ses procès, de ses têtes de Turc, ennemi des généraux, ami de la France, passionné, passionnant… »

Alexandre Breffort se joignit vite à l'équipe nouvelle après un parcours aussi inédit que sinueux. Était-il journaliste ? Il était ce qu'on voulait mais surtout il était drôle et adorait se déguiser en prélat, en bonze, en muphti ou en brahmane car il avait le sens de la dérision propre aux grands mécréants et aux saints buveurs de juliénas. Breffort avait été chassé de la communale à Ivry. Très jeune, ce prodigieux bonimenteur devint camelot sur les marchés, puis employé de bureau dans une fabrique d'appareils électriques, correcteur d'imprimerie, photograveur, débardeur de péniches et enfin chauffeur de taxi : il faisait rire ses clients à s'en tenir les côtes. Pacifiste intégral, il lisait le *Canard* et envoya à son journal favori une lettre si comique qu'elle retint l'attention de Jules Rivet, auteur de la rubrique « Lettres ou pas lettres ». Il en parla à Maréchal, qui engagea le luron et le préposa aux nouvelles absurdes ; dans ce genre il côtoya Whip, un humoriste fécond et injustement méconnu, fonctionnaire à la préfecture de la Seine où il s'était spécialisé dans les discours devant les monuments aux morts. Breffort et Whip maintenaient le lien avec les foutraques du *Chat Noir*. Leurs articles déjantés rafraîchissaient les lecteurs. D'où viennent les wagons du métro ? Passent-ils par les escaliers ? demandait très sérieusement Whip.

Pierre Bénard était un pilier de la troupe, feutre marron posé sur les sourcils, et le jeune Tréno, Ernest Reynaud de son vrai nom, entré au journal comme correcteur, puis Henri Jeanson qui, comme Alexandre Dumas naguère, possédait l'art de tirer à la ligne, puisqu'il était payé à la ligne : « Mes ellipses, disait-il, et la multiplication des paragraphes n'étaient que des expédients pour augmenter cette feuille de paie qu'on appelle une pige. Chaque fois que j'allais à la ligne, je gagnais trois sous de plus. » Ce fut ainsi que la phrase courte devint la marque du *Canard* : Maréchal détestait l'emphase.

La décennie allait basculer au n° 914 du *Canard*, daté du 3 janvier 1934 et vendu cinquante centimes. Au bas de la une, on souriait en apprenant que le mystère du Loch Ness avait failli être éclairci par « notre envoyé spécial sur les traces du monstre ». Par fil particulier, cet intrépide reporter nous racontait qu'une dame de la région maudite guettait à sa fenêtre et ne se couchait qu'après avoir vérifié que le monstre ne se cachait pas sous son lit, mais une forme inquiétante se glissait au dehors de sa villa. Les gendarmes vérifièrent le lendemain des traces de pas suspects : hélas, c'étaient des empreintes de souliers à clous. La page deux, elle, était consacrée aux déboires attendus de M. Stavisky. Peu avant Noël, la presse nous avait déjà appris que le directeur du Crédit municipal de Bayonne avait été arrêté pour fraude : c'était un homme de main de Stavisky. Des bons d'emprunt avaient été émis pour 240 millions par le mont-de-piété local. Ils étaient faux et ne valaient rien. Il y eut de nombreuses plaintes pour escroquerie et abus de confiance, et la fiche de police de l'affairiste Stavisky notait que le filou « savait utiliser avec une habileté incroyable les relations et les influences qu'il avait su se ménager dans les milieux les plus divers. »

Le *Canard* en riait fort.

Malversations et coups fourrés étaient la règle, comment pouvait-on s'en étonner ? La plupart des journaux avaient la mémoire courte. Sacha Stavisky était bien connu pour ses exploits depuis huit ans : « La surprise de nos confrères ne manque pas de nous surprendre. » Et de citer *Le Petit Parisien* du 28 juillet 1926 : « L'escroc Stavisky arrêté à Marly où depuis des mois il habitait une villa. » Ou, dans *Le Matin* à la même date : « Sacha Stavisky, l'escroc qui détourna 6 500 000 francs, est enfin arrêté dans sa villa de Marly, pendant un dîner d'adieux. » Dans un article plus nourri, Pierre Bénard prenait un ton de pamphlétaire et, presque à son insu, alluma la longue mèche d'une affaire qui manqua faire exploser le Parlement et la République :

« Toute la police, paraît-il, recherche M. Sacha Stavisky. M. Sacha Stavisky n'aurait pas raflé moins de deux cents millions à de braves bougres, sous le couvert du Crédit municipal de Bayonne, qu'il avait fondé avec la bénédiction de M. Garat, député-maire, et d'autres personnalités politiques, mondaines ou religieuses.

« On nous permettra de sourire doucement de cette information.

« Car, si on recherche aussi activement qu'on le dit M. Sacha Stavisky, c'est qu'on l'a laissé partir et nous sommes obligés de dire que si on l'a laissé partir, c'est qu'on l'a bien voulu.

« En effet, M. Sacha Stavisky était une personnalité trop parisienne, aussi bien connue des milieux financiers et parlementaires que des services de la rue des Saussaies, figurant trop régulièrement en bonne place dans la rubrique des déplacements et villégiatures, en même temps que dans les fiches des renseignements généraux, pour pouvoir faire un pas sans que cela fût connu de tout le monde ou, au moins, des milieux intéressés.

« S'il était réellement un malfaiteur fieffé, nous ne voulons pas croire qu'il aurait pu être accueilli dans le meilleur monde, devenir le familier des ministres et le conseiller du Gouvernement. »

Bénard enquillait ensuite les noms des compromis, un grand maître de l'Université, un ancien ministre de la Justice, un ambassadeur, pour terminer ainsi :

« Nous ne voulons pas croire que tels ou tels directeurs de journaux, quotidiens et hebdomadaires, de gauche et de droite, l'auraient accepté comme commanditaire ou lui auraient tout au moins affermé leur publicité.

« Nous ne voulons pas croire que M. le président du Conseil l'aurait reçu, montrant que la meilleure lettre de recommandation auprès d'un homme au pouvoir est encore un casier judiciaire bien rempli.

« Nous ne voulons pas croire que certains membres influents du Parlement ou du Parti radical lui auraient accordé leur confiance, leur amitié et l'auraient accepté comme mécène.

« Non, nous ne voulons pas le croire.

« Parce que s'il était vraiment l'individu taré qu'on nous représente aujourd'hui, aucun de ceux, hommes politiques, diplomates, financiers, qui furent ses protecteurs, ses commensaux ou ses obligés, n'auraient pu l'ignorer.

« Nous sommes sûrs que M. Stavisky reviendra en France.

« Ses couleurs reparaîtront à Longchamp.

« Son dossier se perdra une nouvelle fois.

« Les ministres lui diront de nouveau : "Cher ami". »

On croyait l'escroc en Suisse, ou en Espagne, ou sur la lune, mais on le retrouva au « Vieux logis », sur le chemin des Mousseux, un chalet long et massif contre des rochers, au-dessus de Chamonix. Raide mort. Ou presque : la police le trouva étalé sur le sol d'une pièce à peu près vide, entre un radiateur et une table de nuit. Il râlait, la tête dans une flaque de sang. L'ambulance mit deux heures à arriver et *Paris-Midi* donna l'information le lendemain : « Stavisky est mort ce matin à l'hôpital de Chamonix, sans avoir pu parler. » Beaucoup de gens haut placés, qui avaient trempé dans ses carabistouilles, n'avaient aucune envie de l'entendre et son suicide fut aussitôt mis en doute. Il se serait tiré une balle dans la tempe, avec un 6,35 que ses proches ne lui connaissaient pas. La balle, après avoir traversé la tête, s'était enfoncée dans le mur à un mètre trente-cinq de hauteur, or, le présumé suicidé mesurait un mètre quatre-vingts ; il se serait tué assis ? Alors, où était la chaise ? Un journaliste parisien nous fit part de ses perplexités. « On dirait que Stavisky avait pris ses mesures de façon à tomber exactement de tout son long, sans heurter aucun meuble. » Le mercredi suivant, le 8 janvier 1934, le *Canard* réussit son titre le plus célèbre et le plus cité : « Stavisky se suicide d'un coup de revolver qui lui a été tiré à bout portant ».

Pendant plusieurs semaines, Pierre Bénard suivit les progrès et les oublis de l'enquête. Il affirmait que Stavisky ne craignait ni la police ni la justice, lui qui déjeunait avec des ministres, des ambassadeurs, des présidents du Conseil. Non, le parquet, de remise en remise, avait d'ailleurs oublié son nom, mais il redoutait les maîtres chanteurs. Le 24 janvier, le *Canard* livra quelques noms : « Stavisky, pour placer ses bons, se sert d'une lettre signée par M. Albert Dalimier, ministre du Travail. Il a obtenu deux remises grâce à M. André Hesse qui préside la Commission législative à la Chambre… Il reçoit à sa table. M. Camille Aymard qui complimente sa femme et demande son arrestation dans un journal. Il y a tant d'autres salauds dans cette affaire. »

Quand le 20 février 1934 le train 4805, en provenance de Paris, entra en gare de Dijon à la nuit tombée, un lampiste s'aperçut qu'il y avait du sang sur le nez de la loco. Des agents fouillèrent la voie pour trouver un corps décapité à La Combes-aux-Fées. Le cadavre, un homme d'une cinquantaine d'années, très élégant, avait une cheville attachée au rail. C'était Albert Prince, un magistrat du parquet de la Seine qui devait révéler ce qu'il savait de Stavisky alias « Alexandre le Mondain ».

Sa mallette avait disparu. On mourait beaucoup autour de cette étrange histoire, et Galtier-Boissière comptait les morts ; dans « Alexandre ou la réhabilitation du feuilleton », il en notait une liste qui aurait comblé Gaston Leroux :

« L'intègre magistrat qui détenait les secrets de la maffia est précipité sous les roues d'un rapide par les gangsters dijonnais.

« Le magistrat compromis tente de s'empoisonner dans le cabinet du premier Président…

« Craignant de tomber dans le bain, un avocat-Gribouille se jette dans la Seine…

« Un fonctionnaire soupçonné se tranche la gorge dans la forêt de Fontainebleau avec un canif de l'armée suisse… »

Le climat était à la guerre civile ; les ligues patriotes tenaient le pavé et braillaient des slogans contre les politiciens malhonnêtes ; « Tous pourris ! » disaient-ils, sous le regard affectueux du préfet de police, M. Chiappe, qui les soutenait. Bénard ne leur lâchait pas les basques :

« Un jeune patriote qui met le feu à un autobus se livre à un joyeux autodafé.

« Un communiste qui met le feu à un autobus se livre à un acte abominable de vandalisme.

« Un camelot du roi est un manifestant, un socialiste ou un communiste sont des émeutiers. »

Le Parti radical de Daladier, au pouvoir, était éclaboussé par les scandales ; leurs alliés socialistes en étaient tout mouillés. Alors les ligues patriotes se sentirent en force et gonflèrent les gilets. Pour les extrémistes de droite, Stavisky représentait la finance « métèque et juive », au service de « la pourriture maçonnique et parlementaire ». Journaux et tracts dénonçaient ces malheurs, et le matin du 6 février 1934, *L'Action française* doubla son tirage pour appeler à manifester devant la Chambre : le préfet Chiappe venait d'être limogé, c'en était trop. Des messieurs en pardessus et chapeaux mous défilèrent devant des rangées de drapeaux et criaient : « Vive Chiappe ! Les agents avec nous ! À la Chambre ! » Sur le pont de la Concorde, le cortège fut contenu par des fourgons de police. Il y eut des terrasses de cafés saccagées près du ministère de la Marine, des becs de gaz arrachés. Des policiers à cheval chargèrent. Les émeutiers lançaient des billes sous les pattes des chevaux, ou essayaient de leur trancher les jarrets avec des cannes munies de rasoirs. On releva quinze morts et quinze cents blessés, ce que *L'Action française* du lendemain traduisit en cinquante et un morts et des milliers de blessés. « Après les voleurs, les assassins ! » titrait ce journal, puis : « Paris couvert de sang ».

Ces événements brutaux se déroulèrent dans la nuit du mardi au mercredi ; le *Canard* était déjà bouclé et ne put rendre compte à chaud, mais seulement dans « La Mare aux Canards » de la semaine suivante. On releva tout de même une victime du 6 février parmi les journalistes, une vedette, une figure parisienne des lettres et de la presse, un ancien, un féroce du pamphlet qui avait été jusqu'à présent sans reproches, Georges de La Fouchardière. Quelle horreur avait-il commise ? Il avait défendu le préfet Chiappe remercié par Daladier, Chiappe au nom de qui les extrémistes de droite avaient mené en cravates cette fronde contre le Parlement. Pourquoi La Fouche avait-il défendu ce fauteur de troubles ? Galtier-Boissière le comprenait à demi, c'était par reconnaissance : « Il avait attaqué dans *L'Œuvre* un certain système de bulletins verts que les automobilistes devaient présenter aux portes de la ville et déclaré qu'il refuserait de se soumettre à cette formalité. Or, repéré en faute par les flics à la sortie de Paris, l'écrivain avait été solidement passé à tabac. Ramené chez lui moulu, à peine s'était-il mis au lit que le préfet de police en personne se faisait annoncer et venait lui présenter les excuses de sa police. Ce grand naïf de La Fouchardière trouva le geste admirable et de ce jour témoigna au préfet une admiration sans bornes ! » Galtier parlait de La Fouche comme d'un génie de la polémique : « Et quel style : direct, vif, preste, acéré, cabriolant. » L'un de ses condisciples à *L'Œuvre*, André Billy, le portraiturait comme ça : « Un drôle de bonhomme que ce personnage hirsute et fuyant qui pour beaucoup d'esprits forts de chefs-lieux de canton représenta pendant des années la grande tradition voltairienne ! » Même les renseignements généraux reconnaissaient le mordant de ses attaques et son esprit critique fort goûté, mais il avait commis le crime d'excuser ce fasciste de Chiappe. Maréchal lui reprochait en fait de n'avoir pas clairement choisi son camp ; il était inconcevable qu'un journaliste du *Canard* se compromît avec les ligues patriotes.

Les camps étaient désormais bien établis.

Trois jours après l'émeute, les communistes par milliers défilèrent de la République aux boulevards Voltaire et Saint-Martin, jusqu'à Belleville et La Villette. On se battit gare du Nord, on dressa des barricades, on dénombra quatre morts et un blessé par morsure. *Le Peuple* annonça une grève générale pour le lundi, et, ce jour-là, la ville fut privée d'eau, de gaz, de métro et de téléphone. Des bagarres éclatèrent en banlieue. Un meeting, pour la première fois, regroupa à Vincennes les socialistes et les communistes. Deux cent mille manifestants, claironna *L'Humanité*, six fois moins selon la Sûreté générale. À l'été de 1935, pour préparer les élections à venir, Daladier, dit « Doudou la Sardine », leva le poing entre MM. Thorez et Blum. L'antifascisme était né, qui les souda un temps et mena au Front populaire. Les nouveaux alliés se regardaient en biais, les uns traitant les autres de sociaux-traîtres, et ceux-ci pensant à voix basse que Staline, comme Hitler, affermissait son pouvoir absolu en éliminant ses rivaux, fondateurs historiques de son parti. Au grand défilé de 1936, le *Canard* envoya une délégation et se retrouva au Pont-Neuf entre l'Aviation populaire et la Ligue des Bleus de Normandie, puis marcha vers la Nation. Guilac, modeste fonctionnaire de la Caisse des Dépôts et Consignations, l'auteur des inusables canards de la une (les fameuses oreilles), avait dessiné une pancarte : « Les soviets par-ci, par-là ». Un prospectus que distribuait un journal humoristique et catholique indiquait la position déterminée de notre hebdomadaire satirique : « Si l'on voulait étudier de près la part des divers journaux qui ont fait le triomphe des socialistes et des communistes, il faudrait marquer une large place au *Canard enchaîné* qui est lu dans toutes les classes de la société, et qui fait rire l'étudiant aussi bien que l'ouvrier. Il suffisait d'entendre, l'autre soir, les plaisanteries qui, dans la foule des boulevards, accueillaient les noms des candidats élus ou battus pour reconnaître et mesurer d'un coup la grosse influence de ce petit journal. »

Le *Canard*, dans les débuts du Front populaire fut en effet plus sérieux et moins apte à la gaudriole ; il attendait de voir comment les choses allaient tourner et n'attaquait pas trop le gouvernement. Très tôt, lorsqu'il s'aperçut qu'un élu était soupçonné d'avoir arrosé ses électeurs avec de l'argent public, il répliqua dans ses colonnes : « Alors, tous les beaux serments, c'était de la rigolade. Et les petites plaisanteries recommencent. »

Quand la nationalisation des usines d'armement profita d'abord aux munitionnaires et que les factieux de droite se réjouissaient, Henri Jeanson écrivit que Léon Blum était « trop chic, jouait le fair-play avec des tricheurs, leur prêtait une honnêteté, une franchise, un courage dont ils étaient dépourvus ». Ce gouvernement n'était-il pas trop faible ?

Les capitaux fuyaient, grâce aux banques, en valeurs, en espèces, en lingots, dans des établissements hollandais, anglais, et surtout suisses, mais Galtier-Boissière faisait encore entendre sa grosse voix dans un article titré « La confiance est à gauche ». Il disait sa façon de considérer les temps qui s'ouvraient :

« Beaucoup de petits commerçants qui, par tradition, appartenaient aux partis modérés, se sont rendu compte que la reprise viendrait d'en bas et non d'en haut : il n'y a nul besoin d'être un économiste distingué pour constater qu'un privilégié qui touche d'énormes revenus ne les réemploie pas, ne dépense qu'une petite partie de son profit et thésaurise le reste ; tandis qu'un ouvrier, un employé ou un petit fonctionnaire remet en circulation la quasi-totalité de l'argent qu'il gagne. Or toute la politique de déflation, tout le programme de décrets-lois tendait à perpétrer le privilège du gros et à réduire au minimum le pouvoir d'achat du petit. Le programme de rassemblement populaire, au contraire, tend à taxer les super-revenus du gros qui s'immobilisent en valeurs étrangères ou en lingots d'or improductifs, et d'autre part à restituer aux petits une capacité de consommation qui provoquera une immédiate reprise des affaires. Après les faillites des successives expériences réactionnaires, voilà que la confiance est maintenant de gauche. » Au gouvernement d'en profiter, disait Galtier, en supprimant la diète indéfinie. Malheureusement le Front populaire ne faisait pas le poids face à l'argent. Le monopole publicitaire de l'agence Havas restait intact ; les journaux d'opinion resteraient sur le même plan fiscal que la presse d'information. Les illusions tombèrent.

Les ligues fascistes ou assimilées étaient plus nombreuses en militants que socialistes et communistes réunis, le climat devenait franchement malsain. Quand Blum se fit agresser par des nervis, le *Canard* écrivit que le président du Conseil avait foncé sur ces trublions en donnant des violents coups de nuque contre leurs poings. L'hebdomadaire *Gringoire*, depuis les émeutes du 6 février, avait viré à tribord toute et accablait de ses railleries ce qu'il nommait le *Frente Crapular*. Béraud y assurait l'édito politique avec une mauvaise foi transformée en conviction ; lui qui, dix ans plus tôt, avait prononcé à Médan un hommage à Zola en présence du capitaine Dreyfus, était devenu un parfait antisémite. Eh bien cette feuille tendancieuse, en novembre, mena une campagne de diffamation contre le ministre de l'Intérieur. On y apprenait que Roger Salengro n'était qu'un déserteur, qu'il s'était débrouillé pour échapper aux tranchées. Déjà neurasthénique, Salengro se suicida. Alors le Commodore entra en fureur et donna au *Canard* un long réquisitoire contre ceux qu'il estimait responsables. Galtier-Boissière signa donc le 25 novembre 1936 un « Silence aux assassins ! » dont voici l'essentiel :

« En songeant à la fin tragique de Roger Salengro, dégoûté par la vilenie d'adversaires sans honneur, on reste abasourdi devant les noms des misérables qui, par le poison lent de la calomnie, ont assassiné cet ancien combattant au cœur trop tendre ; les noms, les voici :

« M. Charles Maurras, virtuose du couteau de cuisine, mais qui jamais ne porta un flingot ; M. Léon Daudet, grand écrivain, mais pleutre entre les pleutres, qui fit la guerre en bas mouchard dans les tranchées de la Caponnière ; M. Henriot, qui soigneusement gara sa peau ; M. Bailby, qui durant cinq années de carnage accumula les millions en insultant à la misère des bonshommes du front ; Chiappe, enfin, environné de ses nervis et de ses méprisables valets de plumes ; Chiappe, inspirateur de la feuille infâme n° 1, qui de 1914 à 1918 ne dévissa pas son précieux postérieur du confortable rond-de-cuir policier ; Chiappe le zographophile qui eut un jour de gloire lorsqu'il encaissa en plein Champs-Élysées, les soufflets d'un grand blessé de guerre…

« Voilà les accusateurs, voilà les propagateurs de l'ignoble campagne, voilà les cinq "professeurs de patriotisme" : CINQ DÉSERTEURS qui, pour assurer le tirage de leurs torchons, eurent l'imprudence de mettre en doute l'honneur d'un poilu de première ligne ! […]

« Avec quelle persistante mauvaise foi s'est développée cette campagne sans merci ! On accuse d'abord le "cycliste" d'avoir été condamné pour désertion à l'ennemi par un conseil de guerre *français*. Preuves en mains, Roger Salengro démontre qu'il a été acquitté, quoique absent et sans défense : brevet d'innocence exceptionnel pour qui mesura la rigueur de la justice militaire ! S'il a été condamné, c'est par un conseil de guerre *allemand* et pour avoir refusé de travailler contre la France. Dix témoins, dont un Croix de Feu et un abbé, attestent sa magnifique conduite au front et en captivité. Mais l'accusateur s'obstine : acquitté par un tribunal militaire, Salengro n'aurait-il pas précédemment été condamné par un autre ? Les archives consultées démontrent que l'allégation est fausse ; elle s'avère même insoutenable en droit puisque, prisonnier en Allemagne, Salengro a été condamné par contumace et qu'un nouveau jugement eût nécessité sa présence.

« Alors la presse infâme publie les attestations d'officiers qui, égarés (voulons-nous croire !) par la presse partisane, se rappellent *à vingt ans de distance* les moindres détails d'une journée de tranchée entre mille ! Quelle preuve plus éclatante, hélas ! de l'extrême fragilité du témoignage humain que la formelle déclaration de ce commandant Arnould, témoin au conseil de guerre du 30 janvier 1916 : il affirme que ce jour-là Salengro fut condamné à mort. Or il est indiscutablement établi par les archives militaires du régiment et de la division que le verdict était d'acquittement ! Et ce faux témoignage constitue le pivot de l'accusation ! »

La Chambre, sensible enfin aux arguments de la défense, blanchit en majorité le ministre de ses prétendues forfaitures, mais celui-ci avait fini par craquer et se tua : « Il laisse à ses adversaires la responsabilité de sa mort, à ses amis le soin de venger sa mémoire. Cette mission qu'il nous a léguée en mourant, nous devons la remplir… Il s'agit simplement de mater une bande de gangsters, et, avant d'organiser la presse propre de demain, de châtier durement la presse immonde d'hier. »

Léon Blum avait eu le temps d'imposer la semaine de quarante heures et les congés payés. Ce fut une grande kermesse ; des gamins découvraient les vacances à la mer ; Jean Renoir les filma. Par malheur, le président du Conseil, qui sentait venir la guerre, préféra s'y préparer plutôt que d'intervenir en Espagne. Là-bas, la jeune République du *Frente popular*, qui s'était débarrassée du roi Alphonse XIII, était menacée. Les phalanges de Franco, venues de leurs garnisons marocaines, s'étaient emparées de Burgos et prônaient la rébellion. Ce fut une longue guerre civile. Lorca était fusillé à Grenade, les avions de Hitler et de Mussolini bombardaient un Guernica par jour, comme une répétition générale de guerre mondiale. Des brigades internationales arrivèrent à la rescousse, Malraux posait à côté d'un avion mitraillé, Hemingway trouvait encore du scotch à Barcelone et Orwell bâillait dans des tranchées. Les communistes traquaient surtout les anarchistes. Au *Canard*, on s'interrogeait : devait-on envoyer des troupes au secours de Madrid ? On se disputa là-dessus. Les plus pacifistes refusaient l'intervention, les moins pacifistes la réclamaient. Cela tourna au duel entre Bénard et Galtier. L'un était pour, l'autre était contre. *Je voudrais simplement comprendre*, écrivait Bénard ; *Évitons le piège sentimental,* lui répondait Galtier. Bénard disait : « Il y a quelques jours, l'Italie livrait encore 24 avions aux rebelles et M. Eden contractait la varicelle. Où voulez-vous que je trouve matière à me réjouir ? » Il disait aussi :

« Au moment de la guerre d'Espagne, on nous a prévenus :

– Les sanctions, c'est la guerre.

« On n'a pas pris de sanctions.

« Aujourd'hui on nous déclare :

– Aider les républicains espagnols, c'est déclencher une conflagration générale.

« Parfait, on se tait. »

Mais il terminait par : « Je ne marche pas. Je ne marche pas. Je ne marche pas. Je ne marche pas. »

À l'inverse, Galtier pensait que Blum avait raison de ne pas s'engager : il réclamait qu'on ne fournisse plus d'armes aux insurgés de Franco, Hitler comme Mussolini avaient donné leur accord. Galtier concluait son papier : « À tous les pessimistes qui se laissent gagner par la fièvre chaude de la fatalité, je dirai que la face du monde change à chaque instant ; qu'il y a quinze ans la Russie soviétique était alliée aux Allemands ; qu'amis aujourd'hui, Adolf et Benito ont toutes les raisons imaginables de se quereller demain, et que ni l'un ni l'autre de ces croque-mitaines ne sont immortels. »

La querelle s'envenima en juillet 1937 lorsque Galtier-Boissière, relisant son dernier article publié, « Conversation avec un diplomate », devint cramoisi et fulminant. Il se précipita chez Maréchal et Bénard :

– Vous m'avez coupé !

– Ah ?

– Là, tout un paragraphe !

– Montre…

– Juste au-dessus de « que sortira-t-il de ce chaos » !

– Une dizaine de lignes qui ne rentraient pas dans ta colonne…

– Elles sont essentielles, ces lignes ! J'y apprends à nos lecteurs que Moscou fait emprisonner à Valence des centaines d'anarcho-syndicalistes. Ah ! les procès, on connaît à Moscou, hein ? Mais la Catalogne est libertaire et déteste toutes les dictatures, tous les extrêmes, de droite ou de gauche !

– Te fâche pas…

– Oh si, je me fâche ! Et je m'en vais !

– On va rétablir le paragraphe sauté dans le prochain numéro…

– Coupé ! pas sauté. Censuré !

– N'exagère pas…

– Adios !

Galtier-Boissière démissionna sur-le-champ et Gaston Bergery l'accueillit à *La Flèche*, avec Henri Jeanson qui suivit son ami, avant de composer des scénarios et des dialogues pour Duvivier ou Carné ; le cinéma d'avant-guerre lui doit *Pépé le Moko* avec Gabin,

Carnet de bal, *Pot-Bouille*, *Entrée des artistes*. Quand Arletty, dans *Hôtel du Nord*, récite sa fameuse réplique : « Atmosphère, atmosphère ! Est-ce que j'ai une gueule d'atmosphère ? », c'est du pur Jeanson.

Daladier succéda à un Léon Blum épuisé. Grandement aidé par ses confrères dictateurs, Franco mangea l'Espagne. Un afflux de réfugiés franchit la frontière des Pyrénées. Ils demandaient le droit d'asile et beaucoup de Français tordaient le nez. Ils n'aimaient pas trop ces personnes déplacées ; elles avaient l'air louche, volaient sûrement des poules ou des portefeuilles. Le *Canard* combattit ces mauvais sentiments et le fit savoir par un article de Tréno intitulé « Les salauds » :

« Sur l'une des photos de réfugiés espagnols publiées par les journaux, vous avez peut-être remarqué un petit garçon qui, vêtu d'une veste d'homme lui tombant aux chevilles, marchait gauchement le long d'une colonne de femmes et d'enfants en haillons.

« Au moment même où ce *muchacho*, qui peut bien avoir cinq ans, mettait le pied sur la terre de France, on pouvait lire dans *Le Jour*, sous la signature de l'honorable M. Léon Bailby, un article ainsi intitulé : "La France s'ouvrirait aux tueurs ?"

« De ces tueurs, les photos nous en montrent des centaines. Il en est que leur mère transporte dans des couvertures parce qu'ils ont la fièvre et qu'il fait froid au Perthus. D'autres clopinent sur leur unique petite guibolle, ayant laissé l'autre à Barcelone ou à Granollers. Un autre, particulièrement précoce, est né dans le tunnel international de Cerbère : un sans-patrie, quoi ! D'autres encore, laissant pour un instant toute pensée meurtrière, se précipitent sur un butin de morceaux de pain blanc que leur tend un Sénégalais. Il en est même un, de ces tueurs, qui a le toupet de rire de toutes ses quenottes de lait parce qu'il a retrouvé sa *madre* qui l'avait perdu dans la cohue.

« L'un d'eux est mort de faim en arrivant.

« Celui-là du moins ne troublera plus le sommeil de M. Léon Bailby.

« Mais les autres, les autres avec ces yeux sans visages, ces têtes hirsutes, ces pieds nus, ces dos déjà voûtés sous les loques, comme on comprend qu'ils terrifient M. Bailby.

« Ils sont capables de le dégoûter à jamais des petits garçons. »

Et Tréno citait Stéphane Lauzanne, du *Matin*, qui se demandait : « Est-ce que Franco massacre les enfants et les femmes ? » Dans son article, l'ingénu développait ses frayeurs. Cela se nommait : « Le chantage à la pitié » :

« Il y a plusieurs sortes de chantages : il y a le chantage à la menace et il y a le chantage à la pitié. La France qui est inaccessible à l'un doit s'employer à faire cesser l'autre. »

D'autres journaux étaient encore plus véhéments, comme *Le Petit Bleu* où criait M. G. de Marsilly : « Dehors les bouches inutiles ! Dehors les parasites ! » Le traitiez-vous de parasite, l'homme se défendait illico :

« Il n'est pas question de xénophobie. Pendant des siècles, la France a accueilli chez elle d'authentiques exilés parfaitement honorables… Mais depuis quelque temps seulement elle accueille aussi la vermine et semble se faire un bizarre point d'honneur de traiter sur le même pied la racaille et les honnêtes gens également venus de l'extérieur. C'est intolérable et cela doit cesser… »

Tréno introduisait à la fin de son papier un dessin de *Gringoire* où l'on voyait un costaud mal rasé avec un baluchon et des armes ; il disait en souriant méchamment : « Et maintenant je viens "travailler" en France… » Tréno trouva la bonne chute : « Après ça, il n'y a plus qu'à tirer la chasse d'eau. » Au même moment, le glorieux vainqueur de Verdun rendit une visite au magistral vainqueur de Guernica. C'était à dire que le maréchal Pétain alla dans l'Espagne libéré des rouges pour congratuler le généralissime Franco, grand fusilleur au nom du Christ-Roi.

En 1938 Charles Trenet chantait : « Boum ! quand notre cœur fait boum ! » mais ce fut un Daladier désabusé qui accompagna le très britannique Chamberlain à Munich ; il y signa avec les nazis un traité pour prolonger la paix. Une foule joyeuse l'attendait au Bourget ; quand il parut sur la passerelle de son avion, les gens trépignèrent et bousculèrent les barrières de sécurité : « Merci ! Vive Daladier ! Vive la paix ! » Et le président du Conseil dit à son voisin : « S'ils savaient ce qu'ils applaudissent… » Munich, le *Canard* n'y croyait pas avant, il n'y crut pas non plus après. Avant, Pierre Bénard titrait : « La Mobilisation n'est pas la Mobilisation » ; après ce fut : « Il n'y a pas de quoi se vanter ».

Le vrai choc arriva l'année suivante quand les Soviétiques s'abouchèrent avec les nazis pour conclure un pacte. Les communistes devaient obéir à Staline et pactiser avec leurs ennemis. MM. Duclos et Thorez lancèrent un *Appel au peuple* qui ne serait jamais reproduit intégralement dans *L'Humanité :* « Nous, communistes, nous avons défendu le pacte germano-soviétique parce qu'il était un facteur de paix… » Maréchal restait perplexe face aux procès de Moscou et aux témoignages des visiteurs revenus consternés de la toundra. Il avait longtemps refusé de croire les informations de la grande presse sur les méfaits de Staline, pour ne pas nourrir la propagande de droite. Pour lui plaire, ce fut Jules Rivet qui supprima le paragraphe antisoviétique de l'article de Galtier à propos de l'Espagne, et qui poussa celui-ci à la démission. Quand Gide décrivit son retour d'URSS, Bénard et Tréno essayèrent d'en désamorcer la portée en imaginant le voyage d'un Russe en France, à la façon du Huron de Voltaire, mais un compte rendu parut tout de même dans le journal : « Après vingt ans de révolution, Gide trouve donc le peuple russe à peu près revenu à son point de départ, avec la même bureaucratie et la même police politique que sous les tsars : *les fronts n'ont jamais été aussi courbés*. » Maréchal, cette fois, avait du mal à avaler ce pacte conclu entre Molotov et Ribbentrop et la réalité lui revenait en pleine figure. *L'Humanité*, tout de même, c'était le journal de ses héros, celui de Jaurès, d'Anatole France, de Mirbeau et de Jules Renard. Quand son rédacteur en chef Vaillant-Couturier mourut, l'équipe du *Canard* participa aux obsèques, même si à la fin des années vingt, déjà, Pierre Scize doutait de ce Vaillant-Couturier qui avait naguère travaillé pour le *Canard :* « Il me parla de l'armée rouge, de la discipline rouge, de l'ordre rouge. À travers notre conversation, je voyais se dresser le communisme comme une vaste cage en ciment armé. Et il disait : "Vous y viendrez". Et je répondais : "Ça m'étonnerait." » Combien de rédacteurs avaient-ils écrit dans les deux journaux ? Quelques-uns. Tréno avait débuté à l'*Huma*, comme correcteur. La rupture était désormais irréversible. Il était fini le temps où les journalistes, à 2 heures du matin, allaient casser la croûte ensemble au tabac de la rue Montmartre. Les amitiés commencèrent à se briser au moment de la guerre d'Espagne ; maintenant les communistes apparaissaient comme des traîtres. Dans le numéro du *Canard* daté du 23 août 1939, les deux canetons de la manchette portent leurs écriteaux : « Alors quoi… » dit celui de gauche, « … on tourne cosaque ? » répond celui de droite. L'article de Bénard s'intitulait « Les parachutistes russes à cinq étages de Berlin ». Et Bénard ne prenait plus de précautions :

« Il n'y a pas six mois, M. Goering s'entendait avec M. Beck pour partager l'Ukraine, province soviétique. Aujourd'hui, M. Ribbentrop est d'accord avec M. Molotov pour en finir avec la Pologne.

« Ça n'empêche pas d'ailleurs Berlin d'avoir un traité de non-agression avec Varsovie.

« Et si l'Allemagne et la Russie ont décidé de ne pas s'attaquer mutuellement, il est bon de reconnaître qu'elles n'ont d'ailleurs pas de frontières communes.

« Jusqu'ici, le Reich se refusait à une conférence où prendrait part l'URSS. Il exigeait un pacte à quatre réunissant l'Allemagne, l'Italie, l'Angleterre et la France.

« Maintenant, le pacte à quatre qu'il rêve groupe sans doute l'Allemagne, l'Italie, la Russie et le Japon. »

Tout était prêt et ce qui devait arriver arriva.

La guerre éclata.

On retrouva les réflexes de l'autre guerre.

Voici revenu le bourrage de crânes ; il fleurissait dans la presse et sur les radios en octobre 1939. Maréchal retrouva les mêmes histrions, Léon Daudet, Charles Maurras, Henry Bordeaux, Abel Hermant, l'Académie française en uniforme et au complet : « On les revoit tous, bobards aux lèvres. En somme, ils sont des victimes. Il y a, maintenant, trop peu d'intervalles entre les guerres. Et ce sont toujours les mêmes qui resservent. La guerre de 1914-1918 a eu ses bourreurs de crânes. On les retrouve aujourd'hui. Ils ont rempilé. Mais ils sont un peu usés. » Le *Canard* y répondait par des parodies de journaux, *Le Matin pêcheur* ou *J'essuie partout*, mais un comité de vigilance sévissait autour d'une longue table de l'hôtel *Continental*, rue de Rivoli, et le ministre de l'Information se levait au dessert pour rappeler leurs devoirs aux messieurs de la censure ; c'était Jean Giraudoux ; il prononça quelques mots que le *Canard* s'empressa de rapporter :

« En principe, a-t-il exposé en substance, dans un pays comme le nôtre, tout peut être dit et répété. Parmi les rares sujets à réserver, et même à interdire purement et simplement, je citerai seulement : la personne de M. Mussolini ; celle de M. Hitler ; la question de Dantzig ; l'attitude de l'Angleterre ; la guerre de Troie. C'est tout. Pour tout le reste, vous pouvez le confirmer de ma part, pleine liberté de parler et d'écrire, et même de penser ce qu'on veut… »

En juin 1940, les Allemands défilèrent au pas de l'oie sur les Champs-Élysées. Le *Canard* se sentit muselé. Il y avait des blancs dans ses articles, comme autrefois. Le 5 juin 1940, il publia sur une feuille :

« Nous nous excusons auprès de nos lecteurs.

« Mais déjà nous prenons nos dispositions pour leur offrir, à bref délai, dans la limite de nos possibilités une meilleure présentation du *Canard*. »

Puis le journal se saborda pendant quatre ans, comme *Le Crapouillot* de Galtier-Boissière qui, retranché dans son antre de la place de la Sorbonne, expliqua dans *Mon journal pendant l'Occupation*, à la date du 21 janvier 1941 : « Plusieurs hebdomadaires satiriques, genre *Canard* ou *Merle*, étaient à l'étude, mais le chef de la censure allemande aurait déclaré : “Nous ne comprenons rien à l'esprit parisien. Alors nous couperons tout. Inutile de faire des frais de composition".

« Le projet de Jeander de faire paraître *La Vache maigre* me paraît invivable. Comment rédiger un journal satirique sans faire aucune allusion à l'occupant ! » Galtier notait comme des croquis d'époque que la critique et l'irrévérence qu'on interdisait aux journaux couraient en liberté dans les rues, le plus souvent sous forme de blagues, dont celle-ci, juste et drôle, qu'il qualifiait d'idiote ; elle l'était :

– Pour un changement de nom ?

– C'est ici, Monsieur. Comment vous appelez-vous ?

– Adolphe Merde.

– Ah ! parfaitement, Monsieur, et comment désirez-vous vous appeler désormais ?

– *Ernest* Merde. »

5

La renaissance du Canard

L'almanach du *Canard* publié en 1946.

Quand les Allemands étaient entrés dans Paris, les journalistes du *Canard* s'éparpillèrent. Dès la libération de la ville, ils se retrouvèrent. En quatre ans, qu'étaient-ils devenus ? Henri Béraud avait été l'âme de *Gringoire* et Pétain l'avait félicité pour son recueil *Trois Ans de colère* ; il en rédigea un autre hostile au Front populaire, *Popu roi*, mais, s'il était passé à l'extrême droite, il refusa de se compromettre avec l'occupant. En 1944, il était interné à Fresnes. André Guérin, le chroniqueur de « l'ami Bidasse », et La Fouchardière écrivirent dans *L'Œuvre* de Marcel Déat, pour des raisons purement alimentaires, dit-on. Jules Rivet, qui critiquait tant la grande presse, avait signé un contrat au *Petit Parisien* que dirigeaient ces hitlériens de Jeantet et Laubreaux. Henri Jeanson, à l'inverse, fut à maintes reprises dénoncé à la Gestapo dans *Je suis partout*, il fit deux séjours en prison et il lui fut interdit d'écrire sous son nom des dialogues de cinéma. Tous les autres avaient filé vers le sud. Jeanne et Maurice Maréchal emportèrent les dossiers administratifs et comptables du journal et, dès le mois de juin 1940 s'étaient arrêtés à Clermont-Ferrand en compagnie de Bénard, Roger Salardenne, Jean Effel ; démobilisé à

Narbonne, Henri Monier les rejoignit deux mois plus tard dans un atroce accoutrement prêté par l'un de ses cousins, et ils se cotisèrent pour lui acheter chez un tailleur un costume de premier communiant, parce que les tailles pour adultes avaient été réquisitionnées par les Allemands. À Clermont-Ferrand, il y avait plus de réfugiés que d'habitants, et une bonne part venait des journaux parisiens, dont quelques-uns reparurent comme *Le Populaire, L'Œuvre* ou *Le Jour*, mais Maréchal refusa un *Canard* au rabais, amputé d'une partie de ses dessinateurs et de ses rédacteurs, abrité à la sauvette dans les locaux d'un confrère, et il partit dans l'Yonne. Bénard, lui, trouva un emploi à *La Montagne* que dirigeait Jean Rochon, un radical qui mangeait du curé à tous les repas et deviendra un maître résistant ; grâce à lui, bien des journalistes entrèrent dans les réseaux d'Auvergne, à Libération-Sud. Tréno, détenu à Meaux, s'évada à sa troisième tentative et se sauva à Lyon avec sa famille ; il entra à *Guignol* qui avait déjà hébergé Roger Salardenne. Alexandre Breffort avait gagné la Belgique puis Oslo et Stockholm avant d'achever sa course en Suisse où, racontait-il avec grand sérieux, il donnait des cours de danse par correspondance.

Les survivants du *Canard* se regroupèrent donc à Paris pour relancer la publication du mercredi. Il en manquait un, le plus important, Maurice Maréchal, mort d'un cancer dans un hôtel de Vichy. Le rédacteur en chef, Pierre Bénard, ouvrit le premier numéro d'après-guerre par un hommage au fondateur : « Le *Canard* reparaît dans Paris libéré » :

« Le 11 juin 1940, nous préparions le numéro du *Canard.*

« Ce numéro – pas tout à fait le même cependant – ne paraît qu'aujourd'hui 6 septembre 1944.

« Il n'est pas nécessaire, je pense, d'expliquer ce silence de plus de quatre ans.

« Mais ces quatre années nous ont été cruelles à plus d'un titre.

« Aussi me permettra-t-on certainement, pour une fois, dans ce journal voué à la bonne humeur, de montrer quelque gravité.

« Ce n'est pas sans émotion, on le comprendra, que nous sortons ce numéro. Que de fois n'avons-nous pas répété, pour nous donner du courage aux heures les plus sombres :

– Le jour où le *Canard* reparaîtra...

« Ce jour, pour nous, était celui où la liberté nous serait rendue.

« Ce jour est venu.

« Mais hélas ! celui qui fut l'âme de ce journal n'est plus là pour partager notre allégresse.

« Et c'est pourquoi notre joie n'est pas complète.

« Maurice Maréchal est mort. Il a succombé à une longue et douloureuse maladie. Mais il est mort confiant de ne pas disparaître tout à fait, puisqu'il avait gardé la certitude que le journal qu'il avait fondé lui survivrait.

« Il fut l'un de ceux qui ne désespéraient jamais.

« Il était l'homme le plus généreux et le plus simple. Ce journal, c'était son esprit. S'il n'écrivait pas tous les articles, il les inspirait tous. Et aujourd'hui encore, en livrant notre copie aux typos, nous nous demandons :

– Qu'en penserait Maréchal ?

« Et si ce numéro n'est pas parfait, nous sommes certains de son indulgence.

« Nous sommes certains aussi de celle de Jeanne Maréchal, gardienne de son souvenir, et qui est désormais notre directrice. »

Le tirage du *Canard*, malgré la pénurie de papier, dépassa bientôt les cinq cent mille exemplaires. Il y avait eu pendant l'Occupation un manque de satire professionnelle, celle qui épingle et qui venge. On lisait des contrefaçons du *Canard*, des parodies, oui, qui ressemblaient parfois à leur modèle mais sans en avoir l'humour. Ce fut le cas du *Caneton déchaîné* que distribua la Royal Air Force ; il a été le plus proche, les morts soviétiques y ressuscitaient contre les nazis, Hitler pliait sous les imprévus. Un autre du même titre venait sans doute de Rouen, franchement tendancieux mais heureusement bâclé ; on y rigolait des zazous et de Radio-Londres. Un *Canard sauvage* parut à Alger vers la fin de la guerre, très favorable aux communistes, et un *Canard libre* à Beyrouth, parsemé d'un antimilitarisme de l'autre conflit, imprimé semblait-il à l'université jésuite Saint-Joseph. Deux feuilles de prisonniers portèrent encore le titre, comme un clin d'œil, le *Canard embaumé* à la prison des Petites-Baumettes près de Marseille, et un *Canard en KG* qui racontait la vie quotidienne d'un oflag de Moravie.

Notre vénérable *Canard* reprit goût à la vie en s'ébrouant dans les locaux du *Petit Provençal*, rue Caumartin, dans l'ancien hôtel Marin-Delahaye où logea Mirabeau en 1789, avant de se fixer pour un quart de siècle au 2 de la rue des Petits-Pères, longtemps confondue avec la rue Vide-Gousset qui la prolongeait, un nom prédestiné puisqu'elle menait à la Banque de France. Le travail ne manquait pas mais la réalité était plutôt tristounette. Tout commença en effet par l'épuration, cette chasse aux collabos et aux compromis que le *Canard* traita avec une ironie sobre, refusant de participer à la curée. Henri Jeanson, qui avait connu la prison sous les Allemands, résuma cet état d'esprit : « Je n'aime pas beaucoup parler d'épuration parce que j'ai toujours pensé qu'il ne fallait pas mélanger les porte-plumes avec les porte-clefs, confondre le journalisme avec la police et l'information générale avec les Renseignements généraux. *Je suis partout, Gringoire, Le Pilori*, ont assumé pendant des années une besogne qui nous a rendus circonspects sur le choix des échos… »

Eh bien tournons en ridicule le vieux Pétain ; justement, le *Canard* a retrouvé sa malle : elle était à double-fond puisqu'il joua double jeu, et on y dénicha un message essentiel quoique non diffusé :

« Français,
« Agaga, agaga, agaga. »

Les courageux reporters en sortirent aussi un uniforme de maréchal des FFI. Que lui reprochait-on, à ce vieillard ? Rien que des demi-faits. Du coup, ce poème bien mérité :

À demi-mots
Autrefois on n'avait rien
Maintenant on a la moitié de rien
C'est tout de même mieux.

Tréno rendit compte sur le même ton du procès de Pétain le Bref, puis le *Canard* évoqua d'autres procès puisque c'était la saison. Henri Béraud comparut pour intelligence avec l'ennemi en temps de guerre. Les juges lui reprirent sa Légion d'honneur et tous ses biens ; ils allaient l'envoyer devant un peloton d'exécution. Au début de l'Occupation, d'autres anciens du *Canard* avaient crié, eux aussi, « Vive Pétain ! », comme la plupart des Français. Parmi eux, Pierre Scize, qui écrivait alors dans *Paris-Soir* et dans *Le Figaro* repliés à Lyon. Le journaliste n'en participa pas moins à plusieurs publications clandestines, dont celle d'un faux numéro du très collabo *Nouvelliste*. Le journal, qui appelait les Lyonnais à la résistance, fut distribué dans les kiosques par des maquisards déguisés en employés du groupe Hachette… Béraud avait pondu des éditos honteux, heureusement il avait un défenseur, François Mauriac : « Si Béraud avait commis le crime pour lequel il a été condamné, son talent ne serait pas à mes yeux une excuse. Mais, grâce à Dieu, et pour notre honneur à tous, Henri Béraud n'a pas trahi. » De Gaulle, qui présidait déjà, commua la peine de mort en travaux forcés, qu'il commença à Poissy comme comptable à l'infirmerie. Le *Canard* nomma désormais Mauriac du sobriquet angélique de « Saint François des Assises ». Lui aussi avait écrit des sornettes pendant l'Occupation, glorifiant Pétain et de Gaulle du même adjectif : « Les paroles du maréchal Pétain rendaient un son presque *intemporel.* » Et quelques années plus tard : « Le général de Gaulle reste aujourd'hui ce qu'il fut, de notre effondrement à notre libération : une voix *intemporelle.* » Le *Canard* a toujours eu un faible pour l'habit vert et le bicorne ; Barrès hier, Mauriac aujourd'hui. Illustrés par Sennep ou Ferjac, à la date du 10 janvier 1945, voici « l'absolution » :

« M. François Mauriac s'indigne. Après chaque verdict il écrit un article s'élevant, au nom de la charité chrétienne et de l'équité, contre une condamnation qu'il juge excessive.

« De sorte qu'on ne comprend plus.

« Faut-il épurer ou ne faut-il pas épurer ? »

Au fil des pages du même numéro figuraient des brèves instructives : « Tino Rossi, en liberté provisoire, est allé remercier aussitôt M. François Mauriac. »

Ou dans « À travers Paris » : « Sur l'intervention de M. François Mauriac, un piéton, conduit au poste parce qu'il traversait en dehors des clous, a été relâché. » Ou encore dans « Une bonne prise » « Un dangereux individu, René les Mirettes, recherché depuis longtemps, a été appréhendé hier par les inspecteurs.

« Au moment où on l'arrêtait, René les Mirettes s'est écrié :

– Ça y est ! Je suis bon !

« Dans ses poches on a trouvé un recueil des articles de M. François Mauriac. »

Revenu tenir la rubrique « Lettres ou pas lettres », Henri Jeanson diversifiait ses têtes de Turc :

« Paul Claudel au Panthéon !

« On objectera que Paul Claudel est encore vivant.

« Pas toujours. »

L'épuration se poursuivait et offrait un spectacle souvent lamentable, comme le soulignait Tréno dans « Les surprises d'un rescapé de Buchenwald ».

« J'espère, du moins, qu'on a coffré le juge d'instruction qui m'a fait arrêter en 42 ?

– Pas du tout… Il est très bien, ce juge-là. Il arrête à tour de bras des miliciens, des PPF et tout ce qu'il veut. Il jouait double jeu, tu comprends ?

– Depuis longtemps ?

– Depuis huit mois au moins ! »

Eh oui, combien de collabos de seconde zone s'étaient changés en résistants ? On ne pouvait pas jeter au trou les foules entières qui avaient acclamé Pétain. Les routines reprenaient le dessus à la fin des années quarante ; la tradition ne se perdait pas. Dans « La Mare aux Canards » on apprenait qu' « à Marseille, et dans le 2e canton, au 9e bureau, sur les 1 574 inscrits, il y avait eu 1 591 votants… » À côté de ces joyeusetés, les restrictions se prolongeaient, la pénurie de papier avait suspendu les abonnements du *Canard* pendant des semaines et les administrations en revenaient à Courteline :

« On peut se consoler en constatant que ça ne va guère mieux pour le savon que pour le beurre. Témoin cet extrait d'un journal de Lille, *Libération-Nord*, qui nous relate une conférence de presse tenue le 7 février par l'honorable M. Veriomme, préfet du Nord :

"Aux ménagères qui s'inquiètent du sort réservé à leur ration de savon, signalons que le retard apporté dans la distribution est dû au manque de papier destiné à l'impression des tickets".

« Nous n'inventons rien. »

Les hommes politiques valsaient, se remplaçaient, revenaient, tournaient comme des figurants qui passent et repassent devant la caméra pour singer la foule, mais on revoyait les mêmes, lassants et bavards, inopérants, pour lesquels Bénard inventa, dans un article du 27 février 1946, l'expression devenue célèbre : bla-bla-bla. Il en avait chanté la rengaine :

« Mon ami Paul Gordeaux, lorsqu'on lui présente un reportage où il y a plus de mauvaise littérature que d'informations, dit en repoussant le papier :

– Tout ça, c'est du bla-bla-bla.

« À la vérité, toute la France, aujourd'hui, est sous le régime du bla-bla-bla.

« Pour la crise financière on nous a annoncé des réformes nouvelles et hardies.

« En définitive, on augmente le paquet de cigarettes et on diminue le lampiste.

« Bla-bla-bla. »

Ce qui distrayait le *Canard* de ces années-là, c'était les mines allongées des messieurs de la Banque, et il aimait nous raconter les malheurs de ces pauvres riches dans « La grande pitié des frères de Wendel » ou « Panique à la Bourse » :

« L'annonce de la paix a produit à la Bourse l'effet d'une véritable catastrophe.

« Les actionnaires du Comité des Forges étaient positivement effondrés à l'idée que le rythme des fabrications d'armement pouvait subir un ralentissement.

« Comme un badaud, qui n'était pas au courant, demandait à l'un d'eux :

– Alors, ça biche ?

– Non, ça ne biche pas, a-t-il répondu.

« Et il s'est affaissé.

« Il a été transporté à Bichat. »

Le *Canard* persistait dans les thèmes de ses débuts. Il s'arrêtait de préférence sur les manipulateurs, les prévaricateurs, les filous bien habillés et les éternels marchands de canons qui ne vivent que des guerres, qu'au besoin ils provoquent. Le pacifisme rayonnait dans ses colonnes et, lorsqu'en novembre 1948, l'Américain Garry Davis prit la parole au palais de Chaillot pour se réclamer citoyen du monde, le *Canard* en rendit compte sous la plume de Tréno, que les lecteurs félicitèrent et approuvèrent par d'énormes paquets de courrier : « Faites la paix, ou F… – nous la » !

« Camus a raison.

« Il est temps de mettre fin à la mystification dont les peuples sont victimes.

« Camus a écrit cela le jour de l'intervention de Garry Davis à l'assemblée de l'ONU.

« J'étais là, vendredi dernier, à Chaillot, avec Albert Camus, André Breton, Louis-Martin Chauffier, Sarrazac, Vercors et quelques autres encore quand, après le bla-bla-bla d'un vague délégué, un petit homme roux bondit dans une des deux galeries de la salle des séances.

– Au nom des peuples qui ne sont pas représentés ici, je vous interromps…

« Ainsi parla Garry Davis…

« La police des Nations unies, qui ressemble étrangement à celle de l'avenue des Champs-Élysées le 11 Novembre, empêcha Garry Davis de lire jusqu'au bout sa déclaration. Mais, dans l'autre galerie, Sarrazac, héros de la Résistance, put le faire pour lui…

« Quel abominable scandale, vous pensez ! Oser profaner le temple où les bonzes viennent officier ! Quel affreux sacrilège ! C'est comme si les mendiants, postés à la porte de l'église, s'avisaient d'y entrer et d'interrompre le sermon du curé sur la charité !

– Gardes ! Qu'on emmène ce trublion !

« Les gardes ont emmené Garry Davis. L'ordre revint dans le temple et l'on y reprit la discussion de l'amendement 57 bis à la proposition de résolution préparée par la troisième sous-commission.

« Dehors, la paix continuait à faire le pied de grue.

« Un agent lui dit : "Circulez !"

« Garry Davis a raison, parbleu ! Il a raison de proclamer à la face des bonzes :

– Les États souverains que vous représentez ici nous divisent et nous mènent à la guerre.

« Raison d'affirmer que seul un gouvernement mondial pourrait donner la paix que réclament les peuples.

– Utopie ! ricaneront les sceptiques. Le monde n'est pas prêt. Il est encore trop tôt pour parler de ça…

« On connaît la chanson. La Paix, c'est toujours une utopie, un rêve, une chimère… Le monde n'est jamais prêt.

« Le monde ne brûle les étapes que lorsqu'il s'agit de transformer le rêve des savants en bombes atomiques.

« Bientôt quatre ans qu'elle dure, la mystification.

« Depuis 45, les diplomates se promènent de capitale en capitale, comme un cirque en tournée, montant leur tapis vert, puis le démontant pour aller le remonter ailleurs…

– Bonnes gens, vous allez voir ce que vous allez voir. M. Marshall dans son numéro, M. Molotov dans ses acrobaties… Vous allez voir l'homme-torpille torpillant les accords, l'homme-canon pulvérisant les arguments de son adversaire, la femme-tronc avec sa colombe en cage et son rameau d'olivier… Avec qui voulez-vous lutter ? Avec l'Occident ou avec l'Orient ?…

« Les quatre Grands, les deux super-Grands, comme les dieux antiques dans leur Olympe, passent leur temps à se faire des entourloupettes… Et leurs éclats font trembler les pauvres mortels à l'étage au-dessous.

« Et voilà que l'un de ces mortels, un candide, un naïf, un simple, mais au cœur généreux, avec l'audace du petit Olivier Twist réclamant au nom des enfants affamés un peu plus de soupe, voilà que Garry Davis, ex-bombardier de la der des der, ose interrompre la dispute des dieux !

« Qu'il ose leur dire :

– Faites-nous la paix ou laissez la place !

– De quoi se mêle-t-il ? A-t-on jamais vu ça !

– Au cabanon, le fol de Chaillot !

« Il faudra, je le crains, agrandir les asiles d'aliénés.

« Car ils sont nombreux déjà ceux qui disent :

– Nous sommes avec Garry Davis ! »

Bénard était sur la même position que Davis, mais il désignait les coupables avec précision, ainsi parlait-il de l'écrasante victoire de Franco sur les républicains espagnols : « Si les Anglo-Américains avaient voulu se débarrasser de Franco, ce serait chose faite près d'un an après la disparition de Hitler qui avait tout de même la peau plus coriace…

« Franco, qu'on s'en souvienne, est un peu leur créature. C'était pour eux un placement. Un Franco de rapport. Car, au fond, ils se moquent davantage de ses actes que des actions du Rio Tinto ou de Penarroya. »

Pierre Bénard ne put entendre le discours, muselé par les Nations unies, de Garry Davis. Entre-temps, il était mort à la veille de Noël. Les quarante mille apéros qu'il avait avalés, son carburant nécessaire pour forcer l'écriture, n'ont pas su l'aider à terrasser l'ignoble virus de la grippe qui l'emporta bêtement. Une mort prématurée que tous déploraient, et sur laquelle Jeanson écrivit un texte très personnel dans le *Canard* : « Pierre, encore un mot… »

« Une amitié qui date de si loin, vois-tu, ça ne se liquide pas comme ça, à la sauvette.

« Tu ne t'en iras pas avant que j'aie vidé notre sac.

« Tu étais si timide, si modeste, que nous n'avons jamais osé te dire en face ces tendres vérités.

« Il n'est pas trop tard.

« Il nous reste encore quelques minutes. Dieu merci !

« Lecteur du *Canard*, vous pouvez rester. Nous n'avons rien de caché pour vous. Vous avez, comme nous, assisté à la vie si courte et si pure de Pierre Bénard, vous l'avez vu grandir, promettre, tenir. Il a vécu sous vos yeux, puisqu'il ne vivait que pour écrire, alors, vous n'êtes pas de trop.

« Vous faites partie de la famille.

« On a les mêmes souvenirs…

« Des actualités.

« Sais-tu, Pierre, que nous nous connaissons depuis 1918 ou 19…

« Ça a passé vite, hein, crois-tu ?

« On n'était pourtant pas tellement pressés !

« Il y avait, rue Louis-le-Grand, un journal qui se disait "le plus joli journal de Paris", qui s'appelait *Bonsoir*, dont Gustave Téry était le directeur, Robert de Jouvenel le rédacteur en chef, Jean Piot le chef des informations. Ce journal qui amusait les vingt arrondissements était rédigé par une bande de jeunes écervelés, tous plus pauvres les uns que les autres, et qui écrivaient tout ce qui leur passait par la tête.

« La guerre venait de finir et la liberté n'était pas un sujet de polémique, mais une réalité… On ne s'en occupait pas plus que de l'air qu'on respire.

« C'est alors qu'un inconnu nous envoya des articles, à tout hasard.

– Ce n'est pas mal du tout, fit Jean Piot qui s'y connaissait…

« C'était intitulé le "Carnet d'un banlieusard".

« Et un beau jour on pria le banlieusard de se présenter, entre deux trains.

« Ce banlieusard était un beau brun, mince, élancé, avec une bouche d'enfant boudeur, déjà pas très bien peigné et flanqué d'une timidité qui devait résister à l'épreuve du temps.

– Qui était-ce ?

– Mais, Pierre, c'était toi !

« Bonjour, Pierre, enchanté de faire ta connaissance.

« Et c'est comme ça que ça a commencé, notre amitié…

« Et puis ce fut *L'Œuvre*...

« Tes reportages si vivants, si drôles, si bénardiens.

« Et les comptes rendus de procès, surtout.

« De véritables morceaux d'anthologie.

« Ils sont, ces comptes rendus admirables, ces chefs-d'œuvre spontanés, le témoignage d'un homme qui a su voir, retenir, s'indigner, s'apitoyer et donner à ses impressions, en de fulgurants instantanés, une forme définitive.

« Oui tu étais le premier de tous…

« Et toujours du bon côté, comme il se doit…

« Mais c'est au *Canard enchaîné*, avec Maurice Maréchal que tu écrivis véritablement dans la joie.

« Joie d'être juste, humain, généreux.

« Là, vraiment, tu étais chez toi, comme sans doute Séverine au *Cri du peuple*, Vallès dans *La Rue*.

« Tu étais ton maître, et le nôtre.

« Là tu inventais, tu improvisais, là tu étais toujours en verve, là tu étais heureux…

« Tu donnais parfois un sens nouveau aux mots de la tribu.

« C'est toi qui fis la fortune du mot "lampiste"…

« Ah ! ton *Canard*, comme tu l'aimais !

« Et comme il te manqua pendant ces quatre années d'occupation…

« À tes yeux, le *Canard* c'était la liberté…

« Plus de *Canard*, plus de liberté.

« L'occupation, pour toi, ce fut un temps mort, un temps qui n'existait pas.

« Tu vivais dans le passé :

– Quand le *Canard* paraissait…

« Ou dans le futur :

– Quand le *Canard* reparaîtra…

« Jamais entre les deux…

« Toi, l'homme tranquille, toi le timide, toi le paisible, le doux, le tendre Pierrot, toi qui avais si peur de la mort, tu la risquais alors, le plus communément du monde, avec la sérénité – pardonne-moi – d'un personnage de Courteline égaré dans un roman de cape et d'épée.

« Je te revois *Chez Mathieu*, dans le café-tabac de la rue des Saints-Pères, écrivant nonchalamment, en buvant l'apéritif, des articles incisifs et vengeurs.

« Je te disais :

– Ne va pas si souvent à la ligne. Tu te démasques ! Laubreaux va te dénoncer !

Mais tu haussais les épaules et tu poursuivais ta tâche :

– Qu'est-ce que tu veux… J'ai l'habitude des phrases courtes ! "Ils" ne vont pas "aussi" me faire perdre mes habitudes !

« Tu n'avais aucune illusion.

– Si l'on m'arrêtait et si l'on me torturait, je me connais, je ne pourrais pas reculer. Je serais obligé de faire comme Brossolette.

« D'autres – plus qualifiés que moi pour parler de ces choses – diront sans doute un jour quel fut ton rôle, en ces tristes années, et comment, au risque de perdre la vie, tu allas, certain jour, trouver Bonny, de la rue Lauriston, pour lui demander la liberté du pauvre Rochon !…

« Toi, le timide…

« Car enfin, on ne l'a peut-être pas remarqué, mais tu n'as jamais pris d'interview…

« Tu n'osais pas…

« Tu manquais de confiance en toi… Que ne te lisais-tu !

– C'est drôle, me confiais-tu, il y a des moments où je suis pris de panique, où je me crois repéré, où j'ai l'impression que la Gestapo est sur mes traces… et puis je passe devant une glace et j'aperçois un gros monsieur débonnaire. Ça me tranquillise. Je me sens moins seul !

« De ces craintes dont tu n'étais pas dupe, tu tiras un étonnant scénario : *Charlemagne s'est fait couper la barbe.*

« Rendons aux producteurs cette justice qu'ils ont tous refusé de le tourner…

– Quoi ?

– Faire court… faire court… des petits papiers !… Faire court !

– Mais Pierre, je fais court… Trente ans d'amitié, c'est très court…

« Nous voici déjà en 1947.

« Pas tout à fait.

« Presque…

« J'aurais aimé tirer encore à la ligne, attendre encore un peu avant d'en arriver là, car je sais que, là, il faudra nous quitter, Pierre…

« Nous quitter ?

« Est-ce bien sûr ?

« Mais non…

« Pour la première fois, tu prends de longues vacances…

« C'est ça, mon vieux, la mort… Tes premières longues vacances.

« Et pour donner à cette illusion un peu de crédibilité, nous laisserons ton nom en manchette.

« Et tu resteras, que tu le veuilles ou non, notre rédacteur en chef !

« On dira :

– Rien n'a changé ! Bénard vit toujours ! C'est dans le *Canard*.

« Et je profite de ton absence, Bénard mon camarade, Pierre mon copain, Pierrot mon frère, pour faire passer cet article sur toi à la une…

« Tu ne m'en veux pas trop, dis, mon vieux ? »

Tréno succéda à Bénard pour naviguer dans les remous de l'après-guerre. Il maintenait le cap malgré les avaries. Et il y en eut, des avaries. Jeanson, encore lui, s'en prit un jour avec férocité à Aragon. Il le trouvait cynique quand il chantait Staline et proposait de faire feu sur Léon Blum. Jeanson se souvenait de poèmes de circonstance qui lui étaient restés au travers de la gorge :

J'appelle la Terreur du fond de mes poumons
Je chante le Guépéou qui se forme en France à l'heure
qu'il est
Je chante le Guépéou nécessaire de France
Je chante le Guépéou de nulle part et de partout…

Jeanson ne supportait pas ce genre d'appel à former une police politique omniprésente. Qu'était-il, cet Aragon (il disait : « Aragon comme la lune ») ? Jeanson voulait montrer le vrai visage de cet hypocrite en écrivant dans le *Canard* :

« Vous connaissez M. Aragon ? C'est un monsieur qui fait énormément de bruit et qui se prend, ma parole, pour un personnage… Eh bien, en 1941, j'étais au secret depuis quelques mois à la prison de la Santé. Mon nom figurait sur la liste des otages. J'avais été arrêté à la suite d'une campagne entreprise dans *Je suis partout*. Or, à la même époque, très exactement le 11 octobre 1941, on pouvait lire dans le même *Je suis partout* : M. Aragon est, à Vichy, une sorte de poète national… »

Aragon, en fervent stalinien, avait défendu le pacte germano-soviétique sans trouble, et il se désolidarisa de tout ce qui était français ; il ne redevint un valeureux patriote que lorsque Hitler envahit la Russie. Aragon ne cessa de publier pendant l'Occupation, chez Gallimard, et sa compagne Elsa Triolet publia même son *Cheval blanc* chez Denoël, le modèle des éditeurs collabos qui fit paraître en même temps *Les Décombres* de Rebatet. Donc, le couple Aragon exaspérait Jeanson, mais Tréno avait ôté au marbre un méchant paragraphe sur Elsa, et cela déclencha une vague de colères. Colère de l'auteur, Jeanson, qui avait été censuré. Colère de son ami Galtier-Boissière qui prédit au rédacteur en chef Tréno qu'il allait perdre sa clientèle anarchisante. Colère de

L'Humanité parce que toucher à Aragon relevait du crime et de la trahison. Et colère de Tréno, enfin, qui à tout prix entendait rester indépendant de tous les partis et de toutes les coteries. Autrefois, disait-il, « les points de repère, c'était, par exemple, l'instituteur socialiste, le métallo communiste, voire le bon petit-bourgeois libre penseur. Quand on les apercevait, on était sûr d'être dans la bonne direction. Par contre, la simple vue d'un képi galonné, d'une soutane ou du classique quidam à gibus et gros cigare, symbole des fameuses deux cents familles, indiquait clairement qu'il ne fallait pas aller par là.

« Tout ça est bien changé. Si d'aventure on s'arrête pour faire un brin de causette avec l'instituteur socialiste, voilà le métallo communiste qui vient nous tirer par les basques : "Hé ! camarade, attention ! Vous vous compromettez avec le parti américain". Et si on boit un coup avec le métallo communiste, on vous crie de toutes parts : "Alors quoi, vous êtes du parti russe ?" » Comment choisir, se demandait le *Canard* entre la gentille peste et le mignon choléra ? Entre les Russes et les Américains ? Alors le journal se replia sur la risible politique nationale.

6

Dans le chaos des années cinquante

Dessin de Pol Ferjac.

À l'orée des années cinquante le format du *Canard* avait grandi, les titres avaient grossi et l'équipe aussi. Un nouveau journal se constituait avec des nouveaux journalistes rameutés pour leur talent, qui coïncidait avec la ligne éditoriale pour l'heure invariable. Dans les décennies à venir on verra souvent leurs signatures. Voici Gabriel Macé, qui pourfendait les nuisibles de son regard bleu et réservait ses caresses au teckel Hubert, lequel le suivait précisément comme un chien suit son maître. Tréno l'avait connu à Lyon pendant la guerre. Macé avait une conception précise du métier : « Je m'étais toujours fait une certaine idée du journalisme. Pour moi, la profession comportait un très large secteur de dilettantisme si favorable à l'éclosion de l'inspiration. Des amis m'avaient d'ailleurs averti ; le journalisme est une grande famille. Et comme ils connaissaient mes goûts, ils m'avaient cité le cas de tel journaliste brillant et chevronné qui était payé grassement, par plusieurs journaux, pour ne pas écrire. Cet aîné devint comme un modèle pour moi… » La réalité fut assez différente. Tréno le fit dégringoler de son paradis : « Mon cher Macé, il faudra beaucoup travailler… » Avant ce labeur infernal, il permit d'entrer au journal à son complice Jean-Paul Lacroix, un professeur d'anglais qui écrivait dans *L'Essor*, « journal satirique et humoristique » de Périgueux. Comme Jeanson avait apprécié son premier livre, *Je suis un aboulique*, Tréno accueillit ce garçon qui se réclamait à la fois de Jarry et de Marcel Aymé.

Voici encore Yvan Audouard qui malgré son accent méridional était né à Saigon ; son père avignonnais servait comme adjudant-chef en Indochine. Tréno avait repéré ses billets dans *Franc-Tireur* dont il avait été le rédacteur en chef. Il le rencontra à ce journal, ils bavardèrent, apprit qu'Audouard avait aussi travaillé pour *Libération* et *Gavroche*, et il lui demanda :

– Tu connais sans doute un journaliste qui signait François Fontvieille ?

– Oui, je le connais.

– Il est aussi à *Franc-Tireur* ? Je l'enrôlerais bien…

– Attends, je vais le chercher.

Audouard grimpa au septième, l'étage du bar, et en redescendit bredouille.

– Il n'est pas là ? lui demanda Tréno.

– Oh si, il est là.

– Mais où diable ?

– Devant toi. François Fontvieille, c'est moi.

Tréno l'engagea au *Canard* sans plus attendre. En ce temps-là, on recrutait par affinités ou par amitié. Ainsi, le dessinateur Escaro bénéficia d'une de ces filières : « Un ami d'enfance, René Fallet, travaillait comme secrétaire de rédaction à *Libération*. Il me conseilla d'envoyer mes dessins à Monier – ce que je fis. Celui-ci me demanda très gentiment de venir le voir et me fit une lettre de recommandation pour *La Marseillaise*. J'y allai, y rencontrai la fille de Modigliani qui apprécia mes dessins et me demanda de passer régulièrement. Après, j'entrai à *Action*, avec Lap, Grove, Monier ; ceux-là me firent ensuite passer au *Canard enchaîné*. À l'époque, c'était beaucoup plus facile qu'aujourd'hui. »

Tréno cherchait un polémiste pour secouer le journal, comme naguère Pierre Scize ou Galtier-Boissière. Audouard lui souffla :

– J'en connais un…

– Qui ça ?

– Deux secondes… Il est incapable de tourner le moindre calembour.

– Pfft ! Pour ça on a Grousset qui les enfile aussi facilement que Breffort. Dis-moi à quoi il ressemble, ton oiseau rare ?

– Justement, il est rare.

– Vraiment bon ?

– Mieux !

– C'est-à-dire ?

– *Très* bon.

– Il s'appelle comment ?

– Morvan Lebesque.

– C'est quoi, ce nom à coucher dehors ?

– Il est breton…

Le père de Maurice Lebesque, dit « Morvan », avait vendu des bocaux de bonbons dans les faubourgs de Nantes. À cause de ses origines, ses maîtres cherchèrent à dissuader le petit Morvan de poursuivre ses études : « Il n'y a pas de honte à être ouvrier ! » lui disait-on. Il s'incrusta mais s'inscrivit très tôt aux Jeunesses républicaines qui vous apprenaient à bouffer du curé et du troufion. Morvan parlait le breton mais, en classe, il écrivait le français. Trop bien. Un jour, devant l'un de ses devoirs, impeccable, son professeur l'accusa d'avoir triché en recopiant il ne savait quel auteur fameux. Le gamin protesta. On l'enferma dans un bureau et, sous la surveillance d'un pion, il improvisa. Un enfant pauvre pouvait donc avoir du style et des idées ? Il arriva jusqu'au concours général. Ensuite il monta à Paris et connut la dèche. Un jour que son logeur voulait l'expulser, il gribouilla au crayon un reportage sur la vie à Nantes, qu'il posta à l'hebdomadaire *Voilà*. Cinq heures plus tard il reçut un pneumatique : « Monsieur vous avez du style. Venez travailler chez moi. » Il y resta quatre ans.

Morvan écrivit ensuite dans des feuilles nationalistes comme *L'Heure bretonne*, puis, quand la guerre fut déclarée, il se retrouva dans la presse de la collaboration. Certains ont raconté qu'il fut le secrétaire d'Alain Laubreaux, un nazi estampillé qui acheva sa vie chez Franco, mais ce dont on était sûr, c'était qu'en 1941 il donna une nouvelle à *Je suis partout* et tint une chronique au *Petit Parisien* pendant trois mois : « Cent cinquante ans de variétés » ; il donna au même journal une série sur le chef Boer qui résista aux Anglais dans le Transvaal, au début du siècle. Tel qu'il était, et poussé par Audouard, Tréno l'accepta. Il l'a lui-même raconté : « J'ai toujours éprouvé le besoin de polémiquer. Je ne suis ni sanguin ni colérique, je ne parle même pas volontiers. Cependant, il n'est pas un seul jour de ma vie où je n'aie ressenti le désir incoercible de prendre parti avec violence. Doit-on se méfier d'un tel comportement ? Bien sûr : il est si difficile de se connaître et de discerner ce qui peut être une exigence personnelle valable d'un simple délire de revendication, voire d'une manie courtelinesque. » Pourtant, Morvan détestait les polémistes qui s'attaquaient à des hommes. À lui le combat contre des idées, des injustices, des sottises qui menaient au désordre universel. Il ne supportait pas l'indignation gratuite. Pour lui, il n'y avait pas de petits sujets et de grands sujets : le ridicule était omniprésent. On le vit se gausser de la

Légion d'honneur qui « prolonge la croix que l'on met sur le tablier d'école, non pas des élèves les plus doués, mais de ceux qui ne cachent jamais un hérisson dans le bureau du maître : ce que je lui reproche, c'est de créer à chaque génération un ordre de Français Sages. » On le vit souvent maltraiter l'armée parce que les soldats étaient aussi décérébrés que grotesques : « Elle n'étonnera pas le sage, cette information qui nous vient de Yougoslavie et selon laquelle les quatre ou cinq cris de ralliement en usage dans l'armée de Tito ont été remplacés par un seul. Hier encore, les officiers et soldats de l'armée populaire yougoslave se saluaient au moyen de diverses expressions : "Mort au fascisme !" disaient les officiers. "Liberté au peuple !" répondaient les soldats en chœur. Dorénavant, les uns et les autres crieront : "Hurrah !" Ce sera plus simple. Ce sera plus direct. Et, après tout, ça dira bien ce que ça veut dire, puisque le propre d'un cri de guerre est de ne vouloir rien dire du tout, et son unique justification de ramener la civilisation à la Préhistoire et la parole de l'homme au grognement du gorille. » Morvan aurait pu ajouter que les épaulettes du colonel imitent à la perfection les poils des grands singes quand ils les hérissent sur leurs épaules, pour effrayer l'ennemi.

L'équipe était désormais stable, mais Tréno se désolait de voir ses contemporains se séparer en deux camps rivaux qui rejetaient toute discussion. Et si on n'avait pas envie de choisir ? Il disait, Tréno : « Les hommes d'aujourd'hui, que voulez-vous, ont besoin de conformisme. C'est si commode de n'avoir pas à penser. Si pratique, quand on est pressé de recevoir son opinion toute faite. Pas besoin de se casser la nénette. On admet une fois pour toute que le monde est divisé en deux. Comme au jugement dernier : d'un côté les bons, de l'autre côté les méchants. D'un côté les civilisés. De l'autre côté les barbares. Les premiers sont tous pour la paix ; les seconds tous des bellicistes. Les uns ont pris pour fétiche le tuyau de poêle étoilé. D'autres lui ont préféré le colback du kalmouk. »

Ce refus de choisir un camp précis au détriment de l'autre pesa sur les ventes du *Canard*, qui tombèrent. Afin d'endiguer cette chute, une filiale du groupe Hachette proposa de racheter le titre mais Jeanne Maréchal résista à cette offre ; peu ou mal payés, les journalistes se débrouillèrent avec des bouts de ficelle. Dans la tempête, l'équipe restait soudée même s'il y en eut quelques-uns pour s'échapper du côté de *France-Soir*. En politique, la matière était pauvre. Sous les présidences de MM. Auriol et Coty, qui avaient le pouvoir d'inaugurer des expositions canines, les gouvernements, eux, n'étaient ni stables ni convaincants. À peine parlait-on d'un nouveau président du Conseil qu'il était renversé par une Chambre vociférante et émiettée. Cela posait des problèmes à un hebdomadaire qui, comme son nom l'indiquait, ne paraissait que le mercredi. Comment suivre l'actualité au plus près : « Au moment où le *Canard* sortait de l'imprimerie, M. Robert Schuman démissionnait. Nous n'avions plus de gouvernement. La crise était enfin résolue. Hélas ! notre succès devait être aussi éphémère qu'éclatant. Quatre jours plus tard, un certain Queuille, un petit jeune sans scrupule, se faisait à son tour complice des fauteurs de désordre en constituant à nouveau un gouvernement. Les bêtises recommencent donc. La crise est rouverte. Gouvernement de trêve ? Nous ne sommes pas d'accord. Nous disons, nous : trêve de gouvernement. » Qu'un pareil gouvernement, en effet, franchisse le cap de la semaine, c'était déjà de la longévité. Comment en rendre compte ?

Était-ce seulement intéressant ? Que se mettre sous le bec ? Ce qui persistait était peu reluisant : la corruption, les affaires qui foisonnaient dans cette gabegie instaurée par un pouvoir intermittent qui, jamais installé, ne décidait de rien. Derrière chaque affaire qui sortait au jour on nommait des bandits. Quand éclata le scandale des vins, le *Canard* nous raconta le périple du *Lacydon*, un rafiot réquisitionné pour transporter en métropole du vin d'Algérie ; les licences d'exploitation étaient frauduleuses, viticulteurs et transporteurs avaient signé de fausses déclarations, et des quantités de gros rouge s'écoulèrent au marché noir ; des entrepreneurs, même un conseiller de la République furent convaincus de corruption passive. Il y eut aussi l'affaire des textiles, celle du trafic de la viande ou des bons d'essence. Et puis, venue des terres indochinoises où la France tenait les régies du sel et de l'opium, le scandale des piastres, par son ampleur, explosa comme une ribambelle de bombes.

La piastre était la monnaie de l'Indochine. Au cours officiel, elle valait dix-sept francs à Paris mais seulement huit francs et demi à Saigon. Le voyage entre ces deux villes pouvait valoir des fortunes. À qui rapportait ces manipulations d'argent ? Aux personnels des compagnies de transport, aux fonctionnaires locaux et à l'administration de Saigon, aux chefs d'entreprise, à des parlementaires, aux caisses des grands partis politiques. À trop de monde. Le dollar subissait ce même genre de combine, puisqu'il était moins cher à Paris qu'à Saigon. On disait aussi que les rebelles indochinois en profitaient pour se payer des armes. Une campagne s'organisa dans la presse, et bien évidemment dans le *Canard*, alors on ordonna une enquête pour mieux enterrer le scandale.

Pendant ce temps la guerre s'amplifiait en Indochine. Les soldats d'Hô Chi Minh s'infiltraient et s'implantaient dans la population vietnamienne, depuis la frontière du Cambodge jusqu'au delta du Mékong. C'était la conséquence du bref passage au sommet du général de Gaulle, au début de la IVe République ; il avait envoyé l'une de ses créatures pour négocier avec un Hô Chi Minh qui ne réclamait alors qu'un statut plus humain pour son peuple, et qu'on le prît en considération. Patatras ! L'amiral d'Argenlieu, lequel avait la cervelle bornée par son képi, répondit à cette demande en faisant bombarder le port de Haiphong. À l'époque, Tréno écrivit dans le *Canard* une lettre ouverte à Hô Chi Minh : « Mais enfin, vieux Hô Chi Minh, quelle mouche vous a donc soudainement piqué ? Qu'est-ce qui vous a pris de vouloir jouer au petit soldat ? Non, vous aviez vraiment cru qu'on allait, comme ça, donner à votre pays la liberté de se gouverner tout seul ? C'est trop drôle ! »

Et Tréno continuait dans ce genre faussement naïf. Il rappelait à l'oncle Hô qu'il était bien sot de croire que la France était le pays des droits de l'homme, ou que l'insurrection y était selon la Résistance « le plus sacré des devoirs » :

« Alors vous vous êtes dit : cette France est vraiment un chic pays, idéaliste et tout. Elle a occupé l'Indochine, non pas dans le but, comme tels autres peuples de proie, de nous exploiter jusqu'à la moelle, de capter nos richesses et de nous pressurer d'impôts, mais bien pour nous élever peu à peu jusqu'à son niveau, pour faire des pauvres sauvages que nous étions une nation évoluée… C'est fait maintenant, nous sommes devenus majeurs. Nous avons, grâce à la France, une élite d'intellectuels, de médecins, de techniciens. Alors finie la période coloniale… On va pouvoir collaborer sur un pied d'égalité, au sein de la grande famille française. Pauvre Hô Chi Minh !… Comment ça se dit bla-bla-bla en annamite ? »

Le 30 mars 1954, le *Canard* donna le moyen d'enrayer la guerre en titrant : « Un cessez-le-feu ? Non… : Avec la guerre d'Indochine c'est un CESSEZ LE FRIC ! » Une photo illustrait l'article, celle de Bao Dai, l'empereur imposé de Paris, qui tenait le glorieux rôle de potiche ; il figurait en gangster chicagolais, cigarette pendue aux lèvres, ainsi légendé : « Ne touchez pas au grisbi ». Cet article n'était pas destiné à nous faire rire :

« Le feu cessera de lui-même quand il n'y aura plus de "braise".

« C'est donc vers un Cessez-le-fric général qu'on doit s'orienter, si l'on désire vraiment en finir.

« Les États-Unis cesseront d'envoyer du fric à la France, qui cessera d'en fournir à Bao Dai et à ses ministres.

« L'Union soviétique cessera d'envoyer du fric à Mao Tsé-Toung qui cessera d'en ristourner à l'oncle Hô.

« D'autre part, on coupera à tous les Francoquins et autres empiastrés indochinois la route de l'or et des dollars.

« Quand ces difficiles négociations auront abouti, le moment sera alors venu de prendre des nouvelles des populations indochinoises. »

Dans un autre article de Tréno, on apprenait qu'un vaillant député avait apostrophé ses collègues à la tribune de la Chambre : « Vous avez refusé une paix honorable pour décréter une guerre inutile ! » En lisant la suite, on s'apercevait que cette colère datait de 1885 après la défaite de Langson. Le député enragé, c'était Clemenceau.

Les mêmes erreurs se reproduisaient, et les mêmes âneries que le *Canard* clouait à son pilori. Aujourd'hui, Langson était oublié. Vive le désastre de Diên Biên Phu ! Les implacables stratèges de nos armées avaient trouvé très fin d'enfermer leurs troupes dans une cuvette. Le général Fly le rappelait à Washington avant la bataille : « À Diên Biên Phu ils ne passeront pas ! » en faisant frémir les rangées de médailles de sa poitrine bombée. Sur place, *Vietnam presse* qui dépendait moins des partisans de Bao Dai que du Quai d'Orsay, y allait carrément : « La chute de Diên Biên Phu serait pour le Viêt-minh une catastrophe », sans qu'on en saisisse bien la raison, même si le chef d'état-major des baodais fanfaronnait : « Diên Biên Phu a modifié l'équilibre des forces en notre faveur. » Et ce fut la raclée, et le camp fortifié fut pris par les communistes du Nord menés par un vrai stratège qui se nommait Vô Nguyên Giáp. Quoi ? ces cinglés ont transporté des canons à vélo pour les ficher sur les collines ? Le général Navarre en fut très surpris : « Je n'avais pas l'intention de me mesurer cette année avec le corps de bataille ennemi. » Puis : « Le camp retranché avait été édifié en fonction d'un certain type d'armée viêt-minh, mais en réalité nous eûmes à faire face à une armée totalement différente. C'est la raison de notre échec. » Le *Canard* concluait ce florilège en persiflant :

« Si on a été battu à Diên Biên Phu, le général en chef français n'y est pour rien. C'est uniquement la faute à l'adversaire qui a poussé la déloyauté jusqu'à attaquer avec des moyens supérieurs à ceux que nos vaillants chefs lui accordaient.

« Si quelqu'un mérite une sanction, c'est donc le général Giáp, chef de l'armée viêt-minh. »

Il fallait mettre un terme à nos aventures en Asie du Sud-Est qui se soldaient par une déconfiture. À quel homme politique pouvait-on confier la rude tâche de signer enfin la paix ? Il y en avait un, Pierre Mendès France, aussitôt nommé président du Conseil. Il parlait haut et ferme, ne se ficelait pas dans des formules et décidait. Le *Canard* lui faisait confiance et il avait raison, mais ses journalistes en étaient décontenancés.

Comment parler en termes positifs d'un homme politique ? Tréno inventa un titre : « Enfin un gouvernement d'opposition ». Il écrivait :

« Nous sommes, il faut bien le dire, très embêtés, au *Canard*.

« Nous voilà, en effet, devenus gouvernementaux !

« C'est du propre !

« Un moment on a pu penser qu'à la faveur du débat sur la C.E.D. Mendès France serait renversé, ce qui nous eût remis à notre aise.

« Cet espoir s'est, hélas ! évanoui.

« P.M.F., une fois de plus, les a eus jusqu'au trognon, et nous nous trouvons là, tout bêtes, à l'applaudir, alors que notre rôle traditionnel serait de l'enguirlander : puisqu'il est le chef du gouvernement.

« Ça viendra, remarquez. Ça ne peut pas durer ainsi. Il est sans exemple qu'un homme au pouvoir ne finisse par décevoir ceux qui ont le plus compté sur lui.

« Mais en attendant, nous voilà bien embarrassés.

« On va nous reprocher, c'est sûr, d'être passés de l'autre côté de la barricade.

« Pourtant, en regardant autour de nous, nous nous demandons si nous sommes tellement passés de l'autre côté.

« Nous n'apercevons en notre compagnie aucun de ceux qui, par tradition, eux, sont gouvernementaux.

« Nous n'y voyons pas, par exemple, M. Pierre Brisson, directeur du *Figaro*, organe, jusqu'ici, du gouvernement, quel qu'il soit, M. Pierre Brisson serait-il passé à l'opposition ? Il est bien trop distingué pour cela.

« M. Pierre Brisson étant, par définition, du côté du manche, la vérité éclate.

« C'est M. Mendès France qui est dans l'opposition !

« Et nous aussi du même coup.

« Ouf ! on respire.

« Est-ce notre faute, après tout, si nous avons enfin, au pouvoir, un homme intelligent ?

« D'ailleurs, qu'on soit tranquille : il n'y restera pas longtemps. »

Tréno était sans doute voyant puisque Pierre Mendès France resta peu de mois au pouvoir, et les exercices préférés du *Canard* allaient reprendre comme avant : le tir au pigeon fut bientôt rouvert.

Si les foules françaises avaient été peu mobilisées contre la guerre lointaine en Indochine, elles le furent devant l'hiver 1954, si froid que des pauvres en moururent au bord de nos rues. Alors parut un abbé à courte barbiche et béret, qui avait été député mais choisit les antennes d'une radio très écoutée pour lancer son cri d'alarme. Il fut entendu et provoqua à lui tout seul un mouvement spontané : l'abbé Pierre avait remplacé l'action publique par la solidarité. « Au pouvoir, l'abbé ! » cria Tréno sur un ton amusé :

« La France a eu sainte Geneviève.

« La France a eu Jeanne d'Arc.

« La France a eu de Gaulle.

« Aujourd'hui la France a l'abbé Pierre.

« Pourquoi s'en faire puisqu'il suffit d'attendre le miracle. »

Morvan Lebesque n'avait pas envie de rire, selon son habitude, et prenait cette histoire au sérieux. Pour lui, la charité se retournait contre elle-même et il le dit à voix haute dans un article resté célèbre qu'il avait intitulé : « Prenez garde Abbé Pierre ! » L'envie me vient de vous le citer in extenso, parce que le *Canard* publia de grands textes et qu'il ne faut pas oublier ceux de Morvan :

« Monsieur l'Abbé Pierre, je m'adresse à vous à mon tour. Après tous les journalistes qui vous ont "découvert", après tous les gens qui vous ont donné de l'argent, des vêtements et des vivres, je me permets d'entrer dans le rôle ingrat d'un trouble-fête-de-charité. Je sais bien que ce rôle est passablement ridicule, sinon odieux, et d'ailleurs, je ne me fais aucune illusion : vous n'entendrez probablement pas ma voix discordante noyée dans le flot des voix harmonieuses qui ont chanté vos louanges. Cependant, c'est plus fort que moi : je ne fais pas partie des Séraphins de la Presse ; je n'ai jamais été choriste chez les Âmes Charitables ; je vous parle simplement à cœur ouvert, pas même en qualité de journaliste : mettons, puisqu'il faut tout dire, au nom d'un homme qui a passé un hiver dans la rue.

« Monsieur l'abbé Pierre, c'est maintenant que vos difficultés commencent, et vous venez de les inaugurer par une déclaration publique qui me fait terriblement peur. Vous avez déclaré à un journal que la France d'après cet hiver ne pouvait plus être la France d'*avant*. Si je comprends bien, n'est-ce pas, cela veut dire que la France n'oubliera plus jamais ceux qui ont faim et froid ? Alors, je vous le dis tout net : je crois en votre absolue sincérité ; je ne vois en vous rien de trouble ni de douteux ; pourtant, vous ne pouviez pas donner de meilleur gage à ceux qui détruiront votre œuvre et qui attendaient de vous précisément ce que vous venez de leur offrir : un *alibi*.

« L'hiver que je passai dans la rue, l'hiver 32-33, ne fut ni plus doux ni plus pénible que tous les autres hivers : le froid hivernal, c'est comme le mal de l'accouchement, ça s'étend sur une durée plus ou moins longue, mais il y a toujours le même nombre de douleurs. Cet hiver-là, il neigea, il gela ; des milliers de jeunes hommes, chassés de leur emploi par la Crise, luttèrent jusqu'à leur dernier sou, jusqu'à leurs dernières forces, puis s'abandonnèrent au désespoir.

« Cet hiver-là, un journal illustré eut une idée ingénieuse. Il lança un slogan imprimé sur un petit macaron de carton et que tout homme "chic, sympa, énergique", se devait de porter au revers de son pardessus. Quand il voyait s'approcher de lui un ami à longue figure, manifestement prêt à déplorer le marasme des affaires, l'homme "chic, sympa, énergique" retroussait son revers et, le sourire aux lèvres, désignait le macaron où était écrit : "Ne me parlez pas de la Crise !" J'ajoute que le macaron était naturellement tricolore, parce que "ça, c'est français !" Ainsi, pendant quelques semaines, un peu moins que la vogue du yo-yo, le macaron fit fureur au spectacle, au cocktail, à l'apéritif, tandis que sur les bancs et dans les entrées de métro, chaque soir, des groupes de jeunes hommes épuisés, affamés, essayaient de ne pas mourir. Ceux qui ne se réveillèrent pas, je n'en sais pas le nombre. Je ne puis dire que ce que j'ai vu. Un jour, rue Madame, je vis un enfant faire tomber un bonbon, quelqu'un marcher dessus et, derrière lui, un homme se baisser, ramasser le bonbon écrasé, l'essuyer d'une main machinale et le manger.

« Cet hiver-là, il y eut une nuit de Noël particulièrement dure, et je me rappelle que pour résister au sommeil, je marchai dans Paris, au hasard. Quand j'arrivai place Pigalle, il était minuit. J'assistai alors à un spectacle étonnant : une cinquantaine de chômeurs rangés en cercle sur la place et mitraillés par les photographes. Magnésium, lumières et fanfares, c'était l'Armée du Salut qui distribuait la soupe. Elle distribua exactement cinquante-deux soupes, je les ai comptées, puis les lumières s'éteignirent, les fanfares se turent et le lendemain, aux grilles de métros, les journaux publièrent la photo des Salutistes. Naturellement, on ne parlait pas de *chômeurs*, on parlait de *clochards*, c'était plus pittoresque. On publiait la bonne gueule d'un vieux particulièrement représentatif, barbu et souriant, en train de siroter son bouillon, sous l'œil d'un ange à casquette. Mais cet élan ne s'arrêta pas là. Dans les jours qui suivirent, on lança un autre slogan, celui du "Clochard de Noël". *As-tu ton clochard ? Avez-vous votre clochard* ? L'Armée du Salut provoqua un enthousiasme extraordinaire. On acheta son journal dans les cafés. On organisa pour elle la "Journée du Bouton d'Or". Le président de la République inaugura son nouveau *refuge*. On publia des livres sur l'Armée du Salut, on tourna des films sur elle. Et les milliers de jeunes hommes affamés par la Crise, assassinés par l'imprévoyance et l'injustice sociales, continuèrent à mourir tandis que les gens chics, sympas, énergiques, continuaient, eux, d'arborer leur macaron.

« Et c'est pourquoi, depuis ce jour-là, quand j'entends parler de la charité, je crache.

« Monsieur l'Abbé Pierre, il n'y a pas de France d'*avant* ni de France d'*après*. S'il y en avait, je vais vous dire une chose toute simple : après cinq ans de guerre, de privations, de famine et de mort, nous serions tous devenus bons. Nous serions tous devenus fraternels, et nos ministres seraient tous devenus des hommes capables, regardant les problèmes en face. Mais rien ne change les hommes ni les peuples, et notre monde de ténèbres n'est jamais illuminé que de temps en temps par le passage hasardeux d'un saint.

« Monsieur l'Abbé Pierre, vous avez en ce moment une tête qui fait vendre les magazines. Vous ne l'aurez pas toujours. Oh, on ne vous *oubliera* pas, non ! on fera pire. On écrira des livres, on tournera des films sur vous, on publiera des reportages, un Président inaugurera votre usine-refuge, votre Armée d'Emmaüs sera à la mode comme l'était l'Armée du Salut de mon temps. Et puis, vous vous apercevrez que – c'est étrange ! – la famine et la misère continuent, coulent autour de vous, vous contournent comme l'eau du torrent contourne le rocher. Vous deviendrez très vite un sujet de conversation, une occupation pour les dames patronnesses, une institution d'utilité publique pour effacer les remords.

« Alors je vous en supplie : puisque votre formation de prêtre vous fait croire à la charité, en attendant les temps, peut-être, où cet horrible mot sera remplacé par le mot justice, au moins, pas de phrases bénisseuses, pas de déclarations optimistes ! C'est un homme qui a failli mourir de froid dans la rue qui vous dit : *Soyez* dur. Soyez impitoyable pour toutes les pitiés béates et satisfaites. On apprend beaucoup de choses dans la rue, en hiver. On apprend que les gens charitables sont comme les chats : ils ne se frottent à vous que pour se caresser. »

Aujourd'hui où nous connaissons les Restos du cœur et une pléiade de téléthons qui se substituent à l'État, lequel manque par là à ses devoirs, méditons la leçon de Morvan Lebesque sur l'abbé Pierre.

La France des années cinquante, on la vante pour l'arrivée triomphante du réfrigérateur qui remplaça soudain le marchand de pains de glace, mais on oublie que l'État vivotait à la petite semaine, et qu'il n'en restait que ses apparences, parmi lesquelles subsistait une vieille ennemie du *Canard*, la censure culturelle abandonnée aux ligues de vertu. Jeanson s'époumonait dans « La République des Censeurs » contre ces enfants de Marie et ces curés de choc qui manifestaient en réclamant l'interdiction du *Blé en herbe*, un film adapté par Autant-Lara du roman de Colette. De quoi se mêlaient-ils, ceux-là ? Et Audouard le relayait en tempêtant dans « Au paradis des flics et des huissiers » :

« L'État fort, voilà le salut.

« Personnellement je croyais qu'un État fort c'était celui dont les finances étaient saines, les hommes politiques intègres, les institutions solides.

« Je croyais que du travail, des logements et des libertés étaient la base de sa force.

« Je croyais que les injustices et les scandales étaient ses vraies faiblesses. Comment que je m'étais gourré.

« La force d'un État c'est sa police. Les étudiants protestent, les ouvriers font grève, on les matraque.

« France forte, paradis des flics et des huissiers…

Léo Ferré chantait *Graîne d'Ananar* et Brassens *La Mauvaise réputation*. La population n'avait pas la moindre affection pour les défenseurs d'un ordre qu'elle récusait. Afin d'entretenir le pacifisme originel du *Canard* et son mépris des souliers à clous, Pierre Châtelain-Tailhade parlait en moraliste, comme Tréno ou Lebesque : « La police, aujourd'hui, ce n'est pas seulement l'obtus, le schématique Javert. Ce n'est pas seulement le flic en uniforme, plus balayeur de carrefour que vraiment sbire. Ce n'est pas seulement le perdreau de la P. J. et le poulet de la Sûreté. Ce n'est pas seulement la meute silencieuse des “limiers” de Wybot ou du chenil d'en face, ni la vermine des services secrets. C'est toute une race à part que l'État dresse à humer, à épier, à traquer, à mordre vicieusement, scientifiquement. Il y a des polices du travail, du salaire – le fisc – du repos, de la maladie, de la santé, de l'idée, de l'expression, du servage et de la rébellion, de l'opinion et du refus. Aux yeux de ces polices, on est toujours le coupable de quelque chose ou de quelqu'un. Parler, c'est prendre un risque. Se taire, c'est être suspect. Inutile d'espérer passer inaperçu. Pas une activité qui ne soit antimachin, pas d'inactivité qui ne soit antitruc. Les calembours de Breffort ont leur dossier quelque part, j'en suis sûr. Je suis même persuadé qu'ils en ont au moins deux, puisque tout calembour qui se respecte a deux sens. Et c'est universel. »

Châtelain-Tailhade signait selon son sujet et son humeur Jérôme Gauthier, Clément Ledoux ou Valentine de Coin-Coin. Il était né au début du siècle à Vitry et avait épousé la fille de l'anarchiste Laurent Tailhade, dont il avait hérité le goût de la polémique. Insoumis, il se réfugia en Belgique d'où il collabora au *Canard* de Maréchal ; il y revint dans les années cinquante avec ses pastiches de courrier du cœur et des indignations qui ciblaient un État policier et militaire. Dans ses multiples rubriques il savait allier le rire et la colère, mais sa colère était terrible qui le guidait souvent ou même qui le menait, jugez-en plutôt :

« On a tari les sources du spirituel. On a déboulonné le Dieu croque-mitaine tout juste bon à faire peur aux serins, pendant que les corbeaux se gavaient. On a chassé le Mensonge, mais aucune Vérité n'est venue prendre sa place. La démolition nécessaire accomplie de la superstition, de l'absurde, du fanatisme, on s'est retrouvé face à face avec l'infini, l'inexplicable, l'incompréhensible. L'homme robot pensant, guéri de ses visions, s'est redressé aveugle, au milieu d'un fatras de connaissances qui ne lui font pas une miette de certitude. Les saints ont fait faillite et le seul Juste dont on nous ait parlé sert d'enseigne, sur sa croix, aux derniers carambouilleurs d'évangiles. Vers qui, vers quoi se tourner ? Tous les principes ne sont que règlements de police et tous les espoirs sont casqués. Tas de bigots du grand Rien, où nous conduisez-vous ? Vers quels lendemains qui puent ? Pourquoi ce nuage sur le front de la Terre ? Pourquoi cette nuit des Cendres qui tombent en pollen de mort ? La bêtise de l'autre Dieu nous faisait rire. L'intelligence du vôtre nous fait peur, cardinaux de la Haîne. Toute science dans vos pattes devient l'arme d'un crime. De toute lumière, vous tirez une foudre, de toute énergie une agonie, de toute force un droit. Vous avez ficelé l'humanité sur la chaise atomique, et votre gaminerie de bourreau joue avec la manette : "Chiche ?"

« Eh bien chiche ! Et merde ! Et que tout saute !

« Et qu'il crève le premier, cet idiot de savant, le physicien Ralph Leapp, qui parle de constituer une *Protective Bank of Human Sperm* grâce à quoi quelques manieurs de seringues (s'il en reste) pourront inséminer des hordes de clochardes échevelées, errant sur le terrain vague que sera devenu le globe.

« S'il est écrit dans la logique des choses que la connerie humaine ne peut qu'aboutir à cela, qu'elle doit fatalement éclater en ouragan cosmique, alors, pourquoi repeupler ?

« Pour que tout recommence ?

« Pour que dans mille ou cent mille ans, d'autres Washington, d'autres Moscou, terrés sous des himalayas de béton se défient imbécilement, les doigts sur la manette ?

« Non, Leapp, une fois suffit !

« Qu'elle sèche dans ses burettes, votre semence de flics, de juges, de bourreaux, d'assassins, d'hommes d'État, de généraux, de persécuteurs et de persécutés, d'affranchis et de mobilisables !

« Qu'on efface tout, mais qu'on ne recommence rien ! Et que la planète Terre, froide, exsangue, roule enfin, sans vie, sans pensée, tête coupée du grand Tout dans le panier du silence. »

À côté de ces rugissements, les politiques allaient à leur train. On voyait Pierre Poujade amener une vague populiste à l'Assemblée et le *Canard* titrait : « Une lame de fonds (de commerce) ». La grande affaire, cependant, c'était l'Algérie, ce département français qu'il fallait pacifier outre-Méditerranée. Au moment où nous perdions Saigon, nous allions perdre Alger. Le *Canard* ne dramatisait pas puisqu'il n'imaginait pas encore un nouveau conflit, juste quelques escarmouches. Villes aux murs blancs, chaleur, dunes de sable, chameaux, palmiers en bouquets dans les oasis : l'Afrique du Nord ne servait jusqu'à présent que de décor exotique aux traficotages des aigrefins de la métropole, que le journal dénonçait d'une palme vengeresse. Tout se modifia à la Toussaint de 1954, un premier novembre qui vit éclater une vraie insurrection algérienne. Pierre Laroche accusait d'emblée l'ordre colonial entre des dessins de Lap, maudissant les colons qui avaient établi de solides fortunes sur l'infortune des indigènes, auxquels on ne reconnaissait pas les droits pourtant promis dans l'immédiat après-guerre. On disait que l'armée se livrait parfois à la torture quand elle chopait l'un de ces malappris bronzés. On croyait peu en l'œuvre civilisatrice de la France et on se disait que le pétrole du Sahara engraissait nos compagnies mieux que les hévéas d'Indochine. Où donc filait l'argent investi aux colonies ? Dans quelles poches ? Qu'y gagnait le Français moyen ? Tréno avait fourré son nez dans les chiffres de la commission des finances de l'Assemblée, et il se demandait si l'Algérie n'allait pas clochardiser la France : « Au train où vont les choses, avant cinquante ans, 45 millions de Français devront entretenir 45 millions d'Arabes. D'aucuns continueront d'appeler cela la colonisation. D'autres diront : l'esclavage. (Des Français, bien entendu.) Qu'on ne nous reproche pas de manquer de cœur. Nous avons simplement laissé parler les chiffres. »

Pour que naisse la polémique, il fallait partir d'une question idiote et dévider un raisonnement extrême qui ne tenait pas debout. Que faire des Algériens ? Comment résoudre le désastre économique où ils nous menaient ? Comment se débarrasser de cette charge ? Tréno y répondit dans le numéro du 22 juin 1955 : « Tuez-les ! » Et il déroulait ce thème :

« Tuer qui ?

« Les huit millions d'Algériens musulmans.

« Oui, tuez-les, puisque, apparemment, il n'y a pas d'autre solution.

« Il n'y a rien à faire d'eux, c'est évident. Dans la grande famille française ce sont, comme dit le philosophe Francis Jeanson, des bâtards.

« Peut-on donner aux bâtards les mêmes droits qu'aux rejetons légitimes ? Il ferait beau voir. Pour le coup que la Société en tremblerait (d'indignation) sur ses bases. Tenez, considérez seulement les droits civiques. Huit millions d'électeurs musulmans, cela donnerait quelque 120 députés "noraf" au Palais-Bourbon. Ils nous feraient la loi, ma parole ! Vous voyez bien que ce n'est pas possible.

« Des bâtards…

« Le mieux qui aurait pu leur arriver, c'est de ne pas naître. Y'a donc pas de bidets dans leur bled ? Mais puisqu'ils naissent quand même, comment il se fait qu'elle pousse, cette sale graine ?

« Ça, c'est notre apport… La civilisation… Ce que le président Coty a fermement revendiqué dans son discours de Marseille. Autrefois, la plupart de ces petits bâtards crevaient sitôt nés. Le médecin français est venu, le dispensaire, les remèdes miracles… Et ces condamnés à mort par destination ont obtenu un sursis…

Ils vivent des vingt ans, trente ans et plus… Ils sont huit millions… On ne sait plus où les mettre.

« Quoi ?… Que demandent-ils ? À bouffer ?… Où veulent-ils qu'on les prenne ? Les grands colons fabriquent du vin dont ces salopards ne veulent pas, rapport à leur religion. Pour leur faire plaisir on ne va tout de même pas arracher les vignes et semer du blé à la place, non ? Qui est le maître en Algérie ? qu'ils aillent se faire pendre ailleurs.

« On dit qu'on meurt de faim, au fond des bleds… Qu'est-ce qu'on y peut ? On dit qu'entre ce peuple et les autorités, il y a toute une armée de parasites : caïds, agas, bachagas, qui font suer le burnous, volent, spolient, leurs frères de race, avec la bénédiction des Français. Qu'est-ce qu'on y peut ? Qu'ils se débrouillent entre eux !… Mais, minute, dans la légalité… Sinon, ça va barder pour leur matricule…

« Huit millions qu'ils sont… Ça fait cinq millions de rabs. De rab d'Arabes.

« Huit millions de bâtards que nous avons sur les bras. La France n'est pas l'Assistance publique, non ? Encore moins l'Armée du Salut !

« Voyez-vous, nous avons commis une erreur au départ. Une erreur que nos amis Américains, plus malins, ont évitée en massacrant les premiers occupants. Ce qui, aujourd'hui, les débarrasse de tout complexe colonialiste…

« Cette erreur nous coûte cher… Entre-temps, vous comprenez, on a inventé le mot de "génocide", et de telles opérations de salubrité sont à présent qualifiées de "crimes"…

« Tout de même, il faut aviser.

« Vous lisez les journaux ? On parle de 3 000 fellagas dans l'Aurès et le Constantinois… tous armés. Il y a six mois, ils n'étaient qu'une poignée… Et plus on enverra de divisions, plus ils se multiplieront, ces salauds-là… Les bâtards, chacun le sait, c'est de la graine d'assassins.

« Dans un an, si ça continue, toute l'Algérie sera à feu et à sang.

« Vous ne trouvez pas, répétez-vous, de solution ?

« Alors, pas d'hésitation, tuez-les !

« Il faudra bien en sortir. »

Devant les théâtres d'autrefois, il y avait des marchands de pommes cuites. Dès qu'ils étaient mécontents d'un spectacle désolant ou d'un acteur lamentable qui récitait faux, les spectateurs leur jetaient des pommes cuites jusqu'à la fermeture du rideau de scène. À Alger, ce n'était pas des pommes cuites qu'on lançait aux mauvais comédiens, mais des tomates. M. Guy Mollet, tout neuf président du Conseil, en reçut des volées dans la foule. Les mécontents, pour une fois, ce n'étaient pas des Arabes, mais des pieds-noirs, et on s'aperçut à cette occasion que deux camps antagonistes revendiquaient ce même sol africain où ils étaient nés. Cela ne pouvait que dégénérer. Morvan Lebesque, lui, avait choisi le parti d'Albert Camus : « Jamais Camus n'a marché dans un seul des bobards philosophiques et politiques à la mode, jamais il n'a eu à se repentir d'avoir "adhéré" à quoi que ce fût, jamais on ne l'a entendu crier "Vive !" ou "À mort !" avec la foule infantile, jamais il n'a sombré dans les manichéismes de droite ou de gauche, voyant tout blancs les uns et tout noirs les autres ; jamais, enfin, il n'a pris le Social pour un dieu omnipotent capable de résoudre tous les problèmes. Mais passons. En admettant qu'une conscience soit ridicule à brandir entre les gencives, elle est tout de même plus inoffensive qu'un couteau. Or, chers esthètes, ce siècle ne vous laisse plus le choix : il n'y a plus de belles bouches d'or vides, il n'y a plus que l'alternative de la conscience et du couteau. Ce couteau que la petite fille, folle d'épouvante, aperçut levé sur elle dans la main du fellaga qui l'avait violée. Ce couteau qu'on n'écartera pas seulement avec d'autres couteaux, mais avec la conscience, lucide et constructive, de quelques-uns. »

En 1956, justement, un autre événement vint troubler cette maudite conscience dont se réclamait Morvan. Les chars soviétiques étaient entrés dans Budapest pour mater la révolte des Hongrois qui refusaient, eux aussi, qu'une autre puissance, plus forte en armes et en hommes, vînt lui dicter ses devoirs et protéger l'un de ses bastions stratégiques et son uranium. Là encore il s'agissait de faire le bonheur des peuples contre leur volonté :

« Lundi matin, à l'heure où les rebelles de Budapest agonisaient, j'ai lui attentivement la presse communiste, je me suis rappelé quel espoir le marxisme représentait, à tort ou à raison, pour des millions d'hommes, j'ai imaginé – sans grand'peine – quel parti eût tiré la bourgeoisie internationale de la révolution hongroise et à quelles fins elle allait maintenant utiliser son échec ; enfin, sachant qu'au surplus nul n'est absolument pur, j'ai tenté de toutes mes forces de donner raison à cette déraison. En vain. L'os ne passe pas. La raison recrache avec un haut-le-cœur les arguments-ersatz qu'on veut lui faire avaler. La victoire des chars russes ne peut être la victoire d'aucun homme pensant, d'aucun homme libre. » Et la longue plaidoirie de Morvan s'achevait par ses mots : « La répression est la répression, le sang est le sang, et le reste est littérature. Les Russes peuvent réduire la Hongrie au silence : ils ne peuvent plus empêcher que pendant huit jours elle ait vécu selon son cœur. Dans ce monde livré à la tromperie, seules les barricades ne trompent pas. Dans le fouillis des idées et des dogmes, seul l'instinct de la liberté voit clair. Ce n'est qu'une flamme vacillante dans la main d'hommes qui vont mourir, mais les Églises passeront et elle ne passera point. *Non* aux bagnes quels qu'ils soient, *non* aux maîtres quels qu'ils soient, *non* aux fusilleurs quels qu'ils soient ! »

Une même verve animait Châtelain-Tailhade quand, sous le nom de Jérôme Gauthier, il prenait des positions morales. Que l'on puisse condamner qui que ce fût à mort le rendait malade, et il s'en prenait vigoureusement à la justice qui masquait le crime : « La justice humaine ? Rappelez-vous ! Elle a torturé, a scié des condamnés entre deux planches. Elle les a enfouis vifs, jetés aux fauves, éventrés, crucifiés, estrapadés, noyés, bouillis, brûlés, écorchés, empalés, écartelés, roués, pendus, étranglés, décapités.

« Sous prétexte de châtier le criminel, elle a commis les sauvageries les plus atroces. Elle les a commises orgueilleusement, sur la place publique, au grand jour, en présence de foules aussi barbares, souvent, que les juges et les bourreaux.

« Puis, peu à peu, devant l'invincible et mystérieux refus que, siècle après siècle, la marée de l'esprit amène sous ses pieds comme un sable mouvant, cette justice a dû reculer, malgré elle.

« L'une après l'autre, elle a dû laisser se rouiller, s'éteindre, se disloquer, pourrir, ses machines d'horreur. Et maintenant, parce que consciente du dégoût qu'elle inspire, elle se cache pour supplicier ; parce qu'elle opère à l'aube, sans témoins, dans une cour de prison étroite comme un puisard ou derrière la courtine d'un fort ; parce qu'elle veut faire croire que c'est vite et proprement qu'elle tranche une tête ou déchire une poitrine, à la sauvette ; allons-nous ne pas l'obliger à reculer encore et à laisser là s'enliser ses deux derniers outils, le couperet et le poteau, sous les vagues de l'avenir qui monte ? »

Exaspéré, comme il le disait, par « l'histoire de la cruauté et de la connerie humaine », Jérôme Gauthier récoltait des ignominies tout autour du globe, comme cette justice expéditive qu'on pratiquait sans le moindre scrupule ni la moindre raison dans le Mississippi. Emmett, un petit Noir de quatorze ans, traverse la rue de Sumner pour aller s'acheter du chewing-gum, mais il croise la blanche Carolyn et ne peut s'empêcher, en la voyant, de siffler d'admiration. Outrage ! Le mari et le beau-frère de la belle, mis au courant, vont l'arme au poing chez le gamin arrogant et le tuent. Les assassins sont acquittés. Ils sont blancs.

D'abord dans le fond du décor, la guerre d'Algérie passait maintenant au premier plan. En Indochine, on s'en fichait un peu, des embuscades dans la jungle ; après tout, les soldats étaient des professionnels, ils faisaient leur métier. Dans les Aurès, on envoya bientôt le contingent et cela changea les sentiments de nos compatriotes : leur fils allait-il partir dans ce foutu pays ? En reviendrait-il ? La censure devenait pointilleuse. Des journaux étaient interdits. Des journalistes poursuivis…

Le *Canard* était pour une fois épargné.

Robert Lacoste, le proconsul d'Alger, à qui l'on demandait pourquoi il refusait de saisir cet insolent hebdomadaire, répondait en haussant les épaules : « Je ne veux pas passer pour un con ! » Si violent fut-il dans la dérision, un journal satirique n'était pas pris au sérieux, il se moquait par métier, c'était sa fonction : l'interdire, justement, lui aurait conféré un rôle trop important qu'élargirait son audience, ce qu'il convenait à tout prix d'éviter. Dans les premiers temps de l'opération militaire, le *Canard* avait choisi de donner la parole aux victimes ; il mettait en scène un bidasse et un fellaga imaginaires qui dissertaient sur leur besoin de paix. C'étaient le vœu populaire, celui des petits colons qui tenaient une épicerie de village, des instituteurs du bled, des étudiants musulmans nationalistes, des professeurs anticolonialistes ; ils se retrouvaient par le dialogue, dans la pure tradition de Maurice Maréchal ou de Pierre Scize. Chacun avait ses raisons, il fallait les entendre puisqu'elles étaient légitimes. Hélas, le gouvernement désormais de gauche n'était nullement pacifiste, il poussait aux interventions guerrières avec les moyens à sa disposition : enlèvements, bombardements, tortures, comme s'il n'écoutait que ces fanatiques organisés autour des slogans de l'Algérie française. Alors Tréno haussa le ton et protesta au diapason de ses confrères de *L'Express*, de *France-Observateur*, du *Monde* ou d'Europe n° 1. En mars 1958, il écrivit que les assassins étaient parmi nous, à propos d'un livre qui ramassait bien l'époque et que le pouvoir souhaitait bâillonner :

« Je reçois des Éditions de Minuit le Livre – un opuscule de 300 pages intitulé : *La Question* et signé d'Henri Alleg, ancien directeur d'*Alger républicain*. Je le lis d'une seule traite et quand il me tombe des mains j'ai la nausée.

« Ce n'est pas possible, me dis-je. Pas à ce point ! Le gouvernement va démentir, ouvrir une instruction, poursuivre l'éditeur et l'auteur, lequel est actuellement bien à l'abri à la prison civile d'Alger. Il va sûrement être transféré à Paris et ses victimes vont le confondre au grand jour de la XVIIe Chambre correctionnelle !

« Ses victimes ? Ce sont les parachutistes diffamés pas lui. Certes, ils ne sont désignés que par des initiales ou quelques lettres seulement de leur nom. Mais on trouve ces patronymes en toutes lettres dans un tract glissé dans le Livre et se rapportant à l'affaire Audin.

« Oui, Audin, vous savez ? Le disparu. Il avait été arrêté pour avoir hébergé Alleg, précisément, et ils avaient eu affaire au même personnel. Vous saisissez tout le machiavélisme de l'auteur du Livre ? Si ceux qu'il accuse de l'avoir torturé sont les mêmes qui ont extrait Audin de sa cellule pour l'emmener, un soir, dans une jeep, il n'y a plus, du coup, de mystère Audin.

« Ces gens-là, accusés de forfaits horribles (je ne parle ni d'Alleg ni d'Audin) ne peuvent pas rester indifférents. Tout militaires qu'ils soient, ils ont le droit de se défendre, de laver leur honneur. Et s'ils n'en éprouvent pas le besoin, s'ils ne font pas une affaire d'honneur d'être traités publiquement de tortionnaires, de bourreaux, et je ne sais quoi encore, le gouvernement, lui, ne saurait rester insensible. De toute façon :

« 1° Le gouvernement ne peut laisser salir des innocents.

« 2° Le gouvernement ne peut couvrir des coupables.

« C'est un dilemme d'où il faut à tout prix sortir. »

Audin et Alleg militaient au Parti communiste. Le premier disparut dix jours après son arrestation par les argousins du tout-puissant général Massu, le nettoyeur d'Alger ; on le prétendait évadé. Le second avait été enlevé puis questionné par l'armée, mais il témoigna dans un livre aussitôt saisi, dont Sartre, avec sa notoriété, rendit compte dans *L'Express* ; il écrivait : « Si nous voulons mettre un terme à ces immondes et mornes cruautés, sauver la France de la honte et les Algériens de l'enfer, nous n'avons qu'un moyen, toujours le même : ouvrir les négociations, faire la paix. » L'article fut censuré mais le *Canard* en publia une copie intégrale, sur une double page et en petits caractères lisibles sans une loupe. Il ne fut pas poursuivi, là encore ; pas davantage que lorsqu'il avait parlé du bombardement de Sakiet, un village tunisien de la frontière algérienne où nos avions tuèrent soixante-dix civils pour détruire un camp de rebelles. André Philip, qui critiquait vertement ce raid dans *France-Observateur*, avait été interdit de publication parce qu'il portait atteinte au moral de l'armée, mais le *Canard* était intervenu : « Les avions de Sakiet ont bien franchi le mur du çon ».

Dans ce climat où la guerre civile s'ajoutait à la guerre coloniale, le 13 mai 1958 eut lieu ce qu'on appela « un coup d'État new-look ». Pour régler ce double conflit, le général de Gaulle fut porté au pouvoir par les hommes de Massu, poil tondu sous le béret et nez en bec de perroquet. Par déveine, le 13 mai fatidique tombait un mardi, quand le *Canard* était sous presse ; le numéro du lendemain titrait malgré cela : « On réclame un dur ». Prémonitoire à quelques heures près, il déclinait ce titre de la sorte :

« Les manifestants d'Algériche ont raison. Ce qu'il faut à la tête du gouvernement français, c'est un homme à poigne. Un nouveau Clemenceau, pour tout dire…

« Ou plutôt non, car ce bougre de Clemenceau était contre les expéditions coloniales : une sorte de bradeur d'empire avant la lettre.

« Ce qu'il nous faut, c'est un dur de dur… On en connaît au moins un.

« Le colonel Bigeard.

« Ah ! En voilà un qui sait parler aux foules. Un mâle, un dur, un musclé. L'autre jour, il déclarait :

« Il y a vingt ans que nous nous laissons corriger. Il faut que cela change !

« Et au centre d'entraînement à la guerre subversive, que dirige à Philippeville le prestigieux chef parachutiste, on peut lire sur un panneau :

« Cette armée doit être fanatique, méprisant le luxe, animée de l'esprit des croisés. »

« Tout un programme, comme vous voyez.

« C'est Bigeard qu'il nous faut et, à son défaut, un Massu.

« La France métropolitaine est un ramassis de gens sans aveu.

« Sans aveu ?

« C'est à voir, scrongneugneu… »

Deux jours plus tard, le *Canard* sortait une édition spéciale qui, sur ses cartouches (à blanc), indiquait : « Deux Gaulles… » – « … au pouvoir ! » La prochaine décennie commençait avec deux années de rab.

7

Mongénéral et son Canard

Photomontage réalisé à l'occasion
des soixante-dix ans du *Canard*.

En 1960, le *Canard* publia en page 3 la première chronique d'une série qui dura des années. André Ribaud la signa, le grandiose Moisan l'illustra. Cela mangeait de la place mais chacun s'en réjouissait. Cette chronique du royaume s'appelait « La Cour » puisqu'elle racontait dans ses détails la vie d'une nouvelle république qui fonctionnait comme une monarchie. La faute en revenait au souverain : il se posa tout de suite comme tel, avec ses décisions sans appel et ses nombreux courtisans aux dos courbés, sans jamais se soucier des manants dont le rôle était d'obéir, d'approuver et de se taire. Ribaud nous livra son principe : « Seuls comptent le roi et sa cour. La source du pouvoir est concentrée dans les mains de Mongénéral, son exercice dispersé entre celles des barons. Le régime évolue entre le despotisme éclairé et débonnaire au sommet et le népotisme obscur et forcené à la base. La cour a ses clans, ses rivalités, ses haines – cet "entourage" est sans pitié. Ses rites aussi et ses tabous. Il est permis, à la rigueur, de suggérer que Mongénéral fait une mauvaise politique, non de constater qu'il a mauvaise mine. La santé du monarque est un sujet absolument prohibé ; il suffit de savoir qu'elle a été, qu'elle est, qu'elle sera toujours bonne. »

Je vous donne à lire ici la toute première de ces chroniques savantes, joyeuses, salutaires et vachardes. En traçant d'entrée le portrait du nouveau monarque, Ribaud nous donnait une vision précise de la décennie qui s'ouvrait, et reposait sur l'humeur du prince. Ce portrait expliquait tout par avance, parce qu'il résumait l'époque. Lisez-le, vous aurez tout compris du règne gaulliste. Sous le rire ou le sourire, derrière la gravité du ton ampoulé, il raconte nos malheurs d'alors et sans doute d'aujourd'hui :

« Le Roi est un grand homme de six pieds quatre pouces, qui avait passé septante ans, gris, avec peu de cheveux, mais beaucoup de nez et énorme, creusé de rides, raviné de sillons, qui s'était augmenté considérablement par l'âge. Long, il avait été maigre avant qu'assez de gros ne se mît à son estomac, jusqu'à lui faire la taille épaisse et fort tombée. La majesté de son air, qu'il voulait suprême en toutes circonstances, en eût été affaissée et abaissée, sous l'habit militaire qu'il se piquait de porter dans les conjonctures les plus cérémonielles, s'il n'eût eu soin de procurer le remède par une ruse légale et singulière. Dans les tout premiers jours de son second règne, il avait fait publier par Guillaumat, alors son secrétaire d'État de la Guerre, un règlement général prescrivant le retranchement du ceinturon de la garde-robe des officiers afin de n'avoir plus à s'incommoder lui-même d'un objet qui démasquait et tout ensemble opprimait l'excès de son embonpoint.

« Sa physionomie promettait beaucoup d'esprit et n'était pas trompeuse ; le Roi en avait infiniment, très orné de lecture, châtié de grec, sachant mettre la plus brillante latinité au service d'un français pur, coulant, raffiné, mais que sa dissimulation naturelle lui persuadait de faire équivoquer, par calcul ou par goût, aux endroits les plus scabreux, dans tout le ménagement subtil des ombres et du clair-obscur. La parole aimait à s'assaisonner d'un sel fin, âcre, semé de poivre, et de prouesses de mots, d'expressions mordantes qui frappaient souvent par leur cruauté, quelquefois par leur justesse, toujours par leur singularité. Le débit était éloquent, facile, choisi, habile à moduler, dans une pompe et une autorité séductrices, les dissertations les plus savantes, mais qui pouvaient se relâcher soudainement en platitudes, en non-sens, en rotures de style, en grossièretés de tours les plus exécrables, et il était surprenant alors d'entendre tomber d'aussi haut des propos aussi bas.

« Peu de grâce au maintien, mais un visage noble, quoique rechigné, hautain. L'œil, fort court en vue, était d'un rond étrange comme celui d'un éléphant, sous de pesantes paupières, au milieu d'un cerne profond et noir, semblant toujours goguenarder le restant des humains quand il n'était pas simplement éteint par l'indifférence ou l'ennui de les devoir regarder. Il ne s'allumait, mais alors s'embrasait, que de cette passion de soi-même, qu'elle fût orgueil, colère, jouissance, qui consumait le Roi, car c'était un homme uniquement personnel et qui ne comptait les autres, quels qu'ils fussent, que par rapport à soi, prêt à hasarder mille fois l'État pour son unique grandeur. Rien dans cet œil qui marquât jamais la bonté, la tendresse, la pitié, même la simple considération d'autrui. Entiché d'humanités, le Roi était fort peu embarrassé d'humain, et les entraînements de son cœur le laissaient toujours éloigné des lieux dont les mouvements de sa rhétorique, par parade, par politique, l'approchaient quelquefois.

« Sa gloire, sa vanité, car ce sont deux choses, étaient en lui au plus haut point. Sa politesse était extrême, mais pour s'en faire rendre autant, se prenant aux louanges, aux déférences, aux ovations, avec les dernières faiblesses. Toujours sur les échasses pour la morale, l'honneur, la plus rigide probité, les sentences et les maximes : toujours le maître des conversations et des compagnies. Il parlait beaucoup, et beaucoup trop, mais si agréablement qu'on lui passa longtemps ces débordements de discours.

« Avec cela, secret, grand combinateur de stratagèmes et d'artifices dans les alambics impénétrables de son esprit, ténébreux, avec le goût de l'être, supérieur, particulier et, par hauteur, difficile à apprivoiser, mais aisé, quoi qu'on crût, à fléchir sur quantité de matières considérables pourvu qu'on ne fît pas semblant de lui voir mordre à l'hameçon qu'on lui tendait. Inexorable sur les bienséances et les bas-détails, il ployait souvent sur les grands intérêts et l'essentiel même de ses États. Sous un extérieur de constance, il se montrait changeant sur l'important car il n'était pas moins irrésolu qu'obstiné, cachant le flexible du roseau sous l'écorce du chêne. Tranchant avec superbe un jour pour, un jour après, retrancher avec plus de superbe encore, et dans l'apparence, l'affectation de la rigueur la plus continuelle. Cette chimie engendrait les plus violents désordres – on le vit bien dans les affaires barbaresques et toutes les autres principales de son royaume. Seules ses haines étaient authentiquement irréfragables, comme sa bonne opinion de soi était inentamable. Même s'il se roidissait à paraître s'en départir, il ne s'en dépouillait jamais entièrement. Peut-être faisaient-elles le roc de sa vie. Car, à le bien sonder, on ne lui découvrait aucun vrai dessein d'État, aucune vaste philosophie qui méritassent de lui survivre et de fonder solidement sa renommée dont il était si anxieux, dans les siècles à venir. Il régnait, par désir de se faire sentir à tout et à tous du dedans comme du dehors, animé davantage de la fureur d'étonner et de foudroyer les humains que de l'application de les gouverner et de les relever. C'était un prince au fond très malheureux, sous le masque de l'impassible, qui s'aigrissait à proportion qu'il semblait s'apaiser, abusé de soi-même autant que désabusé des autres, lassé du monde sans être dépris du trône, borné dans son pouvoir à mesure qu'il était augmenté dans son arbitraire, redouté en tout, obéi en rien. Il avait cru être né pour commander à l'univers, il n'était pas le maître de son royaume, ni même de sa Cour. Et il sentait bien qu'il allait abandonner ses peuples plus déchirés, diminués, meurtris, qu'il ne les avait trouvés, car s'il avait la mine d'un grand roi, il n'en avait pas le jeu. Peut-être avait-il l'étoffe d'un grand capitaine : il ne le fut que dans des livres… »

On dit que Ribaud lisait quelques pages de Saint-Simon avant de s'élancer dans sa chronique, pour se donner le ton. Le scintillant des mots devait jurer avec la bassesse des situations rencontrées. Cette alchimie marchait à fond. Avec ses apprêts, le texte voletait d'un courtisan à l'autre pour nous montrer une basse-cour de pompeux guignols : M. Malrot, le barde attitré de Sa Majesté, Mme de Maintenant, le chevalier Gros-matou de Soustelle, M. de Bré « assez boudin de figure », le baron Guichard, Konradin le Germain, etc.

Sous le masque d'André Ribaud, on trouvait Roger Fressoz.

Fressoz était natif de Chambéry. Il débuta au collège diocésain avant de venir à Paris dans la khâgne du lycée Henri IV, mais il interrompit ses études avant la fin de la guerre pour échapper au Travail obligatoire en Allemagne et rejoignit les chemins de fer ; il n'y fit pas carrière et donna des critiques de cinéma à *Cordées*, une revue confidentielle où André Malraux remarqua l'un de ses articles à propos de *L'Espoir*. Il écrivit au jeune homme, ce qui dut le décider à persévérer. On retrouva Fressoz à *L'Union de Reims* et à *Franc-Tireur*. Là, il se spécialisa dans les échos politiques ; il avait un œil, un ton et surtout des oreilles : il glanait sur le vif les conversations des députés, en flânant dans les couloirs de l'Assemblée. Ces messieurs, entre eux, critiquaient la politique et dégoisaient sur leurs collègues. « C'était un observatoire étonnant, disait Fressoz, on y voyait le jeu des passions, des vanités, des ambitions. » Bref, tout ce que recherchait « La Mare aux Canards » : après avoir dégusté ses confidences plus ou moins chipées aux politiciens les mieux bavards, Tréno engagea Fressoz comme informateur puis, très vite, comme journaliste au *Canard*, vers le début des années cinquante.

Pour sa chronique du royaume gaulliste, Fressoz se retrouva flanqué d'un dessinateur unique en son genre, Moisan, gros buveur et solide bâfreur, né à Reims : enfant, il admirait le portail de la cathédrale où l'on suit les prouesses d'animaux grimaçants qui coursent des vierges rebondies et pas farouches. Tréno avait découvert Moisan à Nice. Il exposait ses dessins de l'Occupation. Il avait travaillé au *Merle blanc*, mais aussi au nazissime *Signal*. Pfft ! pensait Tréno. Ce type a l'art de Jérôme Bosch.

Tout le caractère du régime était contenu dans le portrait peint par Fressoz et Moisan au début de « La Cour ». Il éclaire avec justesse et vivacité la suite des événements et les raisons d'une détestation mêlée de reconnaissance. Le *Canard* reprochait à Mongénéral ses manières, cette façon de toiser ses sujets et son mépris de la piétaille qui se cramponnait à ses larges basques. Le roi ne changeait qu'en fonction d'une situation changeante quand elle lui permettait de briller. Il parlait de référendum, il fallait entendre plébiscite. Il avait commencé cette carrière en 1946 en gouvernant le pays de façon provisoire, et le regretté Pierre Bénard avait noté que déjà le monarque perçait sous le sauveur. « À la Libération, écrivait-il, notre vieux pays avait cru retrouver sa jeunesse : ses habitants se tournaient, enthousiastes et confiants, vers celui qui, aux heures les plus sombres, avait incarné leurs espoirs. C'était un homme fier, honnête, énergique et distant. Tous les bras se tendaient vers lui. Malheureusement, il était de ces chefs qui étudient dans les plus petits détails les larges plans d'ensemble, mais se désintéressent de la qualité de la soupe. Or le pays avait faim. » Et il se sentit trompé, et il vota non au référendum de l'automne 1946 qui désavoua de Gaulle une première fois ; Bénard avait l'explication de ce tournant :

« Depuis son retour, le général de Gaulle a peut-être trop vécu dans les palais ministériels ou en province.

« Il y a bien des choses qui lui ont échappé.

« Surtout le grand espoir qu'on avait mis en lui.

« Comme tous les exilés, à son retour il a été un peu dépaysé. C'est pourquoi sans rancune nous répétons :

– Au revoir. »

Douze ans après, Tréno continuait Bénard. En juin 1958 il composa « Le sauveur sonne toujours deux fois ». Vous croyiez, pauvres naïfs, que personne ne songeait au général, terré dans son Colombey en train de rédiger des Mémoires à sa gloire ? Erreur ! « Personne ? » demandait Tréno. Pardon ! La garde fidèle du général ne pensait qu'à cela. Depuis des années elle guettait l'occasion propice. Toute une organisation d'espions et d'aventuriers couvait dans la clandestinité. Le nerf de la guerre ne manquait pas. À la piastre indochinoise avait succédé le fric des milliardaires d'Algérie. La guerre du pétrole grossissait ce pactole.

« Il ne restait plus qu'à noyauter l'armée. Chaban-Delmas, ministre de la Guerre, s'y employa.

« … Et à miner le "système". Soustelle fit tomber les ministères les uns après les autres en soutenant les thèses les plus racistes, qu'il devait oublier, une fois le but atteint.

« À Paris, un timide parti de la paix semblait approcher du pouvoir. S'il réussissait, les choses *risquaient de s'arranger* en Algérie.

« Pas de ça, Lisette !

« Un chef invisible donna le signal. Et le sauveur, avant même que personne à Paris eût songé à l'appeler, répondit : "Présent !"

– Mais, général, nous n'avons pas besoin de vous !

– C'est ce qui vous trompe, vous allez voir.

– Nous ne manquons de rien !

– Je repasserai dans quelques jours.

« On finit par l'appeler. Que dis-je, on le supplie d'accourir. Il n'a plus qu'à poser ses conditions.

« Investi par l'Assemblée elle-même investie par la peur, il a surtout reçu l'investiture de l'armée et les investissements de la banque Rothschild (dont le directeur est son chef de cabinet) et de la banque Lazard (M. Jacquinot, époux Lazard, est son ministre d'État).

« Le Parlement, envoyé en vacances pour six mois, ne reviendra plus jamais.

« Dans trois mois, on votera par *oui* ou par *non* sur la nouvelle Constitution. On peut prévoir que trois millions de *oui*, au moins, viendront d'Algérie, malgré l'absence complète de listes électorales et par conséquent de tout contrôle. Trois millions de *béni-oui-oui* qui feront pencher la balance.

– Et si la France dit quand même *non* ?

– La parole sera de nouveau à la grande Muette. Elle connaît maintenant le "processus". »

Il y avait toujours de la moquerie dans le *Canard*, mais la gravité de la situation nécessitait de la gravité en retour dans les papiers. La satire d'information ne suffisait plus, des informations plus confidentielles et éclairantes devaient s'y ajouter. Fressoz rôdait toujours dans la salle des Quatre Colonnes de l'Assemblée pour récolter des nouvelles. Des ministres en verve l'abreuvaient sans cesse de leurs bruits de couloir, parmi lesquels il cita Robert Buron, le ministre des Travaux publics du général, qu'il avait remarqué comme « un grand bavard, ayant toujours des informations à donner ». Il y avait plus sérieux encore. On trouvait dans la rubrique de « L'ami Bidasse », qui relatait de façon narquoise les confidences des militaires au front, des documents qu'au ministère des Armées on trouvait trop informés, comme celui-ci, qui ne relevait pas le moins du monde de la satire. On y apprenait qu'à l'état-major du bataillon était parvenue une note du général R. de Winther, commandant la 29e division d'infanterie et avec cachet de la Xe région militaire, qui est ainsi rédigée :

« Le 12 mai 1958. Xe région – 29e D.I. – Cabinet.

« Note pour les commandants de secteurs, de cercles, de sous-secteurs et de quartiers.

« Le sens général de la déclaration sur la politique algérienne faite le 10 mai par M. Pflimlin peut se résumer ainsi :

« Effort militaire accru pendant un certain temps, puis négociations avec nos "adversaires" d'aujourd'hui.

« Il suffit pour le F.L.N. de "tenir" quelques mois – en se repliant sur lui-même au besoin pour éviter d'être trop atteint, ensuite les négociations sont assurées.

« Il est du devoir de tous ceux qui œuvrent pour la reconstitution d'une Algérie française nouvelle, de dénoncer le danger mortel d'une telle politique. Les cadres militaires qui, tant en raison de leurs efforts qu'en raison des résultats de leur action, ont acquis le droit d'éclairer l'opinion, se doivent de souligner qu'en pays musulman la négociation est impossible.

« – Pour un musulman, l'offre de NÉGOCIATION est une marque de faiblesse. Avec les musulmans, elle conduit obligatoirement à la CAPITULATION.

« – Cette offre est donc une œuvre de TRAHISON.

« – Seule :

« LA VICTOIRE DE LA FRANCE permettra d'établir AVEC NOS AMIS MUSULMANS et dans un CLIMAT DE GÉNÉROSITÉ les bases de l'ALGÉRIE FRANÇAISE.

« – Il faut que les responsables de notre politique en ALGÉRIE soient avertis. Les militaires ont le devoir impérieux de diffuser cette notion. »

Ce texte en pur style militaire n'est ni comique ni inventable. Il est authentique et sent fortement le *secret-défense*. Le *Canard* avait donc des complices, autrement dit des indices, dans l'armée ? Au ministère, un colonel était désormais chargé de repérer ces bidasses qui trahissaient pour nourrir le *Canard*. Les officiers zélés avaient raison de se méfier, parce que Jean Clémentin était entré à la rédaction du *Canard*. Le Jean Manan qui signait les confessions des bidasses, c'était lui, le Normand taiseux qui ne parlait jamais de son passé mais épiait les paroles des autres. Les informations de « Allô, ici Bidasse » étaient fournies par les messages des appelés, qu'il récoltait. Clémentin avait-il vraiment été travailler volontairement en Allemagne à la fin de la guerre ? Motus, même si les Renseignements généraux avaient des doutes. Pourquoi s'était-il engagé dans l'armée de la Libération. L'avait-on recruté parce qu'il avait appris l'allemand chez les jésuites ? Voulait-il faire oublier ses récentes aventures ? Motus. Et quand il s'engagea en Indochine à la 3e division d'infanterie coloniale de Saigon, noua-t-il des amitiés qui lui servirent plus tard ? Motus. On savait tout de même qu'il en revint anticolonialiste fervent, et que ses supérieurs s'en défiaient comme d'un communiste lorsqu'il adhéra au Mouvement de la Paix. En fait, Clémentin se méfiait de tous les pouvoirs. Il n'était pas un partisan ; simplement, à l'armée il s'était constitué des réseaux en bossant aux informations militaires. Il avait fréquenté de très près la sécurité et les services de renseignement. Avait-il une position politique ? Son ami Escaro confiait à ce propos : « La bonne voie est de n'être ni de droite ni de gauche. Les fois où le *Canard* a été mauvais c'est quand il a trop penché d'un côté. C'est vrai qu'à un moment, il y a eu la tentation d'équilibrer les attaques, un petit peu d'un côté, un petit peu de l'autre. C'est le plus mauvais truc. Si, à un moment donné, un camp fait pire que l'autre, il ne faut pas hésiter à le dire. Le *Canard* se doit de donner des infos à gauche et à droite. » Mais il fallait se méfier des donneurs de tuyaux et de leurs intentions.

Nous n'avons ni l'espace ni le temps de raconter ici l'histoire de la guerre d'Algérie, avec ses ratonnades, ses attentats, ses exécutions, les horreurs auxquelles se livrèrent les deux bords, ni les militants écrabouillés au métro Charonne par la police en capelines de M. Papon, ni l'auto noire de Mongénéral mitraillée par des activistes au Petit-Clamart. Le *Canard* restait pacifiste comme il l'était depuis sa naissance. S'il s'insurgeait contre notre dernière guerre coloniale, il sentait que de Gaulle cherchait à y mettre fin, alors il le soutint sans hésiter. Lorsque des ultras levèrent des barricades à Alger, le *Canard* fut même bienveillant envers le monarque qui résistait, mais dont il continuait à détester la morgue, la fausse hauteur et le goût immodeste du pouvoir personnel. Dès le mois d'avril 1961, Tréno écrivit « Aidez-moi ! » :

« C'est désormais un rite. Tous les quinze ou vingt mois, les Français voient apparaître sur leur petit écran de télévision, l'homme qui les gouverne. Sur un ton pathétique, il leur apprend que les institutions républicaines sont menacées par les militaires d'Alger et adjure les métropolitains de se rallier à son panache bleu-blanc-rouge.

« 13 mai 1958 : l'homme du petit écran était Pflimlin, ce roseau peint en fer-blanc, et son appel, il faut bien le dire, manquait de conviction.

« 29 janvier 1960 : l'homme du petit écran était de Gaulle, mais le "clash" d'Alger était déjà maté et le grand Charles avait l'accent du vainqueur superbe et généreux.

« 23 avril 1961 : l'homme du petit écran est de nouveau de Gaulle et cette fois le ton est celui de la farouche résolution ponctué par les crépitements de la colère.

– Aidez-moi ! termine-t-il.

« Qui de nous s'y refuserait dans les circonstances actuelles ? Nous ne tenons pas à voir les paras du "1er étranger" venir nous mettre en condition et installer chez nous, sous prétexte de maintenir l'"Algérie vranzaise", un régime à la Franco.

« On nous permettra tout de même de nous rappeler avec amertume qu'il y a trois ans on nous avait déjà dit : "C'est de Gaulle ou les paras !" Et les Français avaient accepté le premier pour ne plus entendre parler des seconds.

« Faut-il penser qu'ils avaient ainsi fait un marché de dupes ?

– Aidez-moi…

« Qui n'y consentirait aujourd'hui, monsieur le président, mais sacré nom d'une pipe en bois, que ne vous aidez-vous aussi vous-même ?

« Un petit peu.

« Vous avez certes fait cette fois un effort, en n'hésitant pas à dénoncer, avec la véhémence nécessaire, le "quarteron de généraux à la retraite et la bande d'ambitieux" qui viennent de refaire, mais cette fois contre vous, le coup du 13 mai. Mais ne seraient-ils pas en droit de vous retourner les propos qui tombèrent de vos lèvres hautaines lors d'une fameuse conférence de presse, en mai 1958, quand on vous demandait si vous désavouiez Salan et ses complices d'alors :

"Comment veut-on qu'à la longue cette population (algérienne) ne se soulève pas ? […] Dans ces conditions, l'armée, qui constatait cette immense émotion populaire, l'armée a jugé de son devoir d'empêcher le désordre de s'établir et elle a bien fait".

« Elle a bien fait », disiez-vous à cette époque.

« Fort de ce satisfecit, le colonel Lacheroy était prêt, au besoin par la force, à vous aider à prendre le pouvoir. De cette aide vous n'eûtes pas besoin, il avait suffi de brandir la menace, les paras n'eurent pas à tomber sur Paris. La IVe République expirante vous confiait le soin de sauver nos libertés contre vos propres supporters.

– Aidez-moi contre ceux-ci ! dites-vous aujourd'hui. Ce sont des salopards, des traîtres, des félons.

« Heureux de vous l'entendre dire enfin.

« Mais vous auriez pu, Votre Honneur, vous en apercevoir plus tôt. »

Et en janvier suivant le *Canard* rendit compte du *désordre moral* qui s'ensuivit, sous la plume d'André Sauger :

« Tout va décidément pour le mieux dans la meilleure des Républiques gaullistes.

« Un député ne vient-il pas d'être enlevé en plein jour par les membres de l'O.A.S. armés de mitraillettes et le visage couvert de cagoules ?

« Une bombe n'a-t-elle pas éclaté sous les lambris dorés du ministère des Affaires étrangères faisant parmi le personnel masculin et féminin du Quai d'Orsay un mort et plus de trente victimes ?

« Ah ! que nous sommes donc loin du temps où dans les assemblées parlementaires le grotesque voisinait avec l'absurde.

« Aujourd'hui, on ne renverse plus un gouvernement qui a cessé de plaire : on kidnappe et on tue.

« La France – rendons-en grâce au 13 mai et aux dieux de l'Olympe – est, comme on le voit, en plein redressement.

« Elle marche – si l'on peut s'exprimer ainsi – à pas de géant vers la prospérité et la grandeur.

« L'ordre le plus parfait y règne sous le signe de la spectaculaire autorité.

« Tous les espoirs, grâce à Mongénéral et à son mépris de fer pour les remèdes de surface, nous sont permis.

« Jusqu'à et y compris la guerre civile.

« On ne dira jamais assez la chance que nous avons de vivre en Cinquième République.

« Et aussi la veine qui est nôtre d'avoir à la tête du gouvernement un homme d'État aussi clairvoyant, aussi perspicace que l'Amer Michel.

« Nous sommes comblés. »

Michel Debré, alias « l'Amer Michel », fut bientôt écarté de son poste de Premier ministre pour être remplacé par un banquier, M. Pompidou.

Le général restait un militaire et faisait de l'autorité son point fort. « Restez bien alignés dans les rangs, disait-il, je ne veux voir qu'une seule tête. » Il décida donc seul de notre premier essai atomique dans le Sahara et rêvait de rencontrer ses collègues Mao et Franco, même s'il plaisantait au cours de ce qu'il nommait bizarrement des « conférences de presse » où pas un journaliste n'osait broncher. Il répondait à la volée à des questions que personne ne lui posait et qu'il avait longuement préparées. « Est-ce qu'à soixante-cinq ans, disait-il en agitant ses longs bras, je vais commencer une carrière de dictateur ? » Rires dans l'assistance, mais pourtant… lorsque l'amiral Pedro Nieto Antúnez, ministre de la Marine espagnole, fut reçu à l'Élysée, il fit cette déclaration que nota le *Canard* :

« Les chaleureuses paroles dont le président de la République française s'est servi pour parler de l'Espagne et du Caudillo m'ont réellement ému. Au moment des adieux, il insista encore et me dit : “Transmettez au général Franco ma profonde admiration pour le grand rôle historique qu’il a joué et pour tout ce qu’il fait actuellement pour l’Espagne”. »

Cela aurait dû réveiller García Lorca et la moitié de l’Espagne, mais non, et André Malraux n’ajouta pas même un mot, tant il était respectueux et réduit à l’état de paillasson. Le comte de Paris lui-même glorifia le général dans l’un de ses bulletins que le *Canard* avait consulté :

« Aujourd’hui, le général de Gaulle porte la France à bout de bras. La France, politiquement, ne vit et n’agit que par lui. L’idée de la France, de la grandeur, de l’indépendance de la France, n’est maintenue que par lui, son action en Europe et dans tout l’univers n’est voulue, imaginée et accomplie que par lui. »

On vit ressusciter l’académicien préféré du *Canard*, qui divinisait son grand homme et jouait de l’encensoir autant que du cirage, François Mauriac :

« Le miracle ne se renouvellera pas de l’homme qui n’a pas de destin séparé de celui de la France, qui peut dire, comme François Ier, qu’il est la fortune de la France. Vous êtes libres de le haïr ou de l’aimer, non de supprimer le fait qu’entre de Gaulle et la France il y a eu cette conformité, due sans doute à l’être qu’il est, à son caractère, à son génie, mais aussi aux circonstances. »

Ce fut ce qu’on appela la voix de la France, et qui sévissait sur les ondes, les images, les textes. Le journal télévisé de 20 heures, en noir et blanc, devait être visé chaque soir par le ministre de l’Information avant de passer à l’antenne. Malheur à qui essayait de déjouer la propagande officielle. Quand un journal n’était pas aux ordres, il se méfiait des sujets trop politiques. Voyez *Le Parisien libéré* de ces années pesantes. Le plus fort tirage des quotidiens du matin, avec son format tabloïd facile à ouvrir dans le métro, ne laissait que 4 % d'espace à la politique intérieure, traitée par des gaullistes fervents et très réactionnaires. Pour vous édifier en vous éclairant, nous vous livrons les titres d'une première page d'un exemplaire : « Béatrice (4 ans) avait soif : elle boit un bol de vin et meurt après être restée 24 heures dans le coma » ; « Magnifique courage d'une enfant de 10 ans ! Maryvonne arrache du brasier quatre de ses frères » ; « En Suisse : vers le lavage de dents obligatoire dans les écoles ? Une intéressante expérience est en cours dans de nombreux cantons »…

Une censure diffuse et permanente frappait quiconque osait contredire le général ou bafouer son ordre moral imposé. Les condamnations pleuvaient par exemple sur l'éditeur Jean-Jacques Pauvert qui avait publié les œuvres complètes du marquis de Sade, lequel écrivait pourtant dans un rythme ternaire cher à de Gaulle ; *idem* pour Régine Deforges, trop leste, trop voyante, et tant d'autres ; Me Maurice Garçon eut un joli succès avec une plaquette *Contre la censure*. Jean Yanne et Jacques Martin virent leur émission de télévision passer à la trappe en mars 1964 à cause d'un sketch inconvenant : ils avaient fait une course de vélos déguisés en maréchaux d'Empire et tombèrent pour « insulte à la grandeur napoléonienne ». En ce temps-là, mieux valait appartenir à ce qu'on nomma « la majorité silencieuse ». Le conformisme et l'ennui, voilà pour le décor. Les cheveux des hommes se portaient très courts, mais, pour rire, vous pouviez vous acheter une perruque Beatles aux Galeries Lafayette. Tout était gris. Un jeune homme, remontant les Champs-Élysées dans un costume de velours grenat, se fit traiter de « sale pédé ! » par des bourgeois qu'offusquait une telle audace : la couleur était bannie de nos rues. Bien sûr, le *Canard* écopa de son procès, qui dura des années.

C'était la faute de Jérôme Gauthier.

Le bougre, antimilitariste jusqu'au trognon, avait pondu un article, le 1er mars 1961, au titre prometteur : « Les fils de généraux ne meurent pas dans leur lit ». Nos vaillants officiers y étaient traités de professionnels du carnage à l'esprit demeuré, et ils se prévalaient d'un alibi de province : la patrie. La guerre d'Algérie n'était pas encore finie mais il n'y eut aucune réaction ni à Paris ni à Alger. Trois mois plus tard, le *Canard* reçut une citation à comparaître devant la célèbre dix-septième chambre correctionnelle, spécialisée dans les délits de presse. Le ministre des Armées, Pierre Messmer, poursuivait Jerôme Gauthier et l'hebdomadaire qui avait hébergé ses insanités pour « injures publiques à un corps constitué ». La rédaction du journal répondit vertement et en bloc. Illustrés par Moisan, Ferjac, Lap, on eut droit à une volée d'articles de Tréno, Gauthier et Lebesque, le tout agrémenté d'un bouquet de citations choisies chez Montaigne, Camus, Clemenceau et même de Gaulle du temps qu'il était rebelle : leurs injures carabinées aux militaires n'avaient pas été poursuivies. Le courrier des lecteurs fut éloquent. Le *Canard* reçut des milliers de lettres de soutien. Des religieux assuraient le journal de leurs sentiments fraternels, des adversaires régulièrement moqués s'indignaient. La rédaction inséra dans ses numéros une carte à découper, avec une citation de Voltaire et une autre de Mongénéral, qu'il suffisait de timbrer pour l'envoyer au ministère des Armées « avec le bonjour du *Canard* ».

Pour remercier ses lecteurs et se défendre, le *Canard* inséra un complément appelé *L'ex-Canard enchaîné* puis *le Canard emmersmerdé*, avec également des articles de la presse étrangère. Pourquoi le ministère avait-il réagi, même avec retard ? Pour satisfaire son armée ? Pour montrer que « le Volatile », comme le surnommait un de Gaulle dédaigneux, n'était plus intouchable ? Depuis la fin de la Grande Guerre, c'était la première fois qu'un régime politique le poursuivait. Il y eut un jugement, rendu deux ans plus tard. Les magistrats reconnurent l'outrage et les invectives, l'intention de déconsidérer l'armée, et la directrice du journal, Jeanne Maréchal, fut condamnée à mille francs d'amende. Jérôme Gauthier ? En qualité d'auteur il ne devait figurer qu'en complice, mais la rédaction solidaire certifia qu'il s'agissait d'un pseudonyme collectif. L'intimidation avait loupé. Ce procès assura au contraire la promotion du *Canard*, qui gagna des milliers de lecteurs et un fort tirage, devenant ainsi le grand hebdomadaire de l'opposition. L'insulteur était la victime.

Le journal a maintenant huit pages et un format agrandi, cinquante-six centimètres sur trente-six ; il se présente plié en deux dans les kiosques et se plie en quatre pour qu'on le lise sur les strapontins du métro. En 1965, c'était le triomphe de l'argent et du chiffre. La France était de plus en plus riche et les Français de plus en plus pauvres. L'État était restauré à leurs dépens et le *Canard* traquait cette aberration dans le gaulliste *Paris-Presse* qui, le 8 janvier, publiait côte à côte deux articles relatifs à la situation économique. Le premier commençait ainsi :

« C'est un record jamais atteint dans l'histoire monétaire de la France : nos réserves en or et en devises dépassent désormais 25 milliards de francs. »

En regard, la première phrase du second article casse l'optimisme :

« Les Français achètent de moins en moins. Le ralentissement s'est fait sentir à Paris dès le début de l'année dernière : en décembre il s'est étendu à la province. » Plus loin : « Un redressement de la situation n'est guère prévisible pour 1965. »

Malgré André Malraux, ses maisons de la culture et le ravalement des façades parisiennes, le monde des arts et des lettres suivait la même pente peu glorieuse, d'abord à cause des interdictions et des restrictions aux libertés. Pouvait-on vraiment s'exprimer sous le règne de Mongénéral ? Jérôme Canard, signature collective, écrivit « Renvoyez le censeur » :

« Anastasie se porte bien, sous la cinquième. Jamais ses ciseaux – qu'il s'agisse de presse, de cinéma ou de télé – n'ont mieux fonctionné. Quant aux livres, on entrevoit déjà pour eux le pilon et l'autodafé !... Mais n'allons pas si vite en besogne. Pour l'instant il ne s'agit que d'un droit. Un nouveau droit que vient de s'arroger le ministre de l'Intérieur...

« En vertu – c'est le cas de le dire – d'un récent arrêt de la cour de Paris, M. Frey peut désormais faire retirer du commerce tout bouquin jugé trop leste par une tante Yvonne quelconque. »

Rappelons que tante Yvonne était la Mme de Maintenant du général, et qu'elle était réputée pour sa pruderie et ses grands airs coincés, n'hésitant pas à faire donner un châle à Brigitte Bardot, lors d'une réception, pour couvrir un décolleté qui rapportait cependant plus de sous que la Régie Renault. Sur la même page, on relevait l'extrait d'une protestation de Me Maurice Garçon dans *Le Monde* :

« Les livres arbitrairement frappés ne peuvent plus être proposés aux lecteurs, et même leurs titres ne peuvent plus figurer dans les catalogues des éditeurs.

Bientôt on poursuivra les critiques littéraires qui auront osé rendre compte d'un livre interdit, qui sera peut-être un chef-d'œuvre, parce qu'on considérera que leur compte rendu est une forme de publicité et que toute publicité est interdite sous quelque forme que ce soit. »

Pour l'avocat, la censure gaulliste était pire que celles de la Restauration ou du Second Empire – d'ailleurs, Mongénéral était souvent représenté en Napoléon III dans les dessins de Moisan. Au début de l'année, Morvan Lebesque était furieux et le disait dans « Voyous, violences et orgues » :

« J'appelle culture, en 1965, non plus un luxe, mais une nécessité. Non plus de l'Art pour quelques-uns, mais un style de vie pour tous. J'appelle culture un effort pour éveiller en chaque Français, sinon le goût du beau, du moins le dégoût du faux et du bête. En bref, une exaltation du réel. Mais je m'expliquerai mieux en me référant à ce que j'ai appelé ici même les techniques du sommeil. De la religion du bruit à la presse du cœur, des mécanismes du travail à ceux du divertissement, mille opinions contemporaines sont en train d'avilir le peuple. En 1965, des millions de Français vivent – non : dorment leur existence – au sein d'un ennui fasciné. Ennui des HLM, des grands ensembles, du travail sans joie, fascinations visuelles et auditives. Aujourd'hui, qui n'est pas assez riche pour s'offrir "la culture" est condamné à la stupeur. Le résultat, nous le voyons : cette révolte aveugle des jeunes, cette projection-cauchemar du sommeil de la masse. Et tout cela, pourquoi ? Parce que les gens qui gouvernent la France n'ont pas été capables de maîtriser les conditions mécanisées du siècle. »

N'allez pas demander aux professeurs et maîtres d'école de donner un coup de pouce à la culture, ce qui relève de leurs fonctions : l'enseignement pataugeait, les instructions du rectorat se contredisaient, le ministre cafouillait. En mai, juste avant les examens, une noix d'honneur échut au ministre de l'Éducation nationale :

« Dans son discours à l'Assemblée sur le nouveau bac Hi-Han Fouchet a en effet déclaré (si on se réfère au *Journal officiel* du 19 mai) :

"Les examens correspondront aux classes terminales actuelles qui subiront seulement – je tiens à le dire avec force à cette tribune, étant donné les bruits extraordinaires qui ont circulé dans la presse ou Dieu sait où – de légers aménagements destinés à permettre l'inclusion, sans augmentation globale d'horaires, d'un enseignement du français [...]

En tout cas, il n'est absolument pas question de faire porter les épreuves du baccalauréat de 1966 et 1967 à la fois sur les programmes de première et les programmes des classes terminales".

« Dieu sait où ?

« Mais Hi-Han le sait aussi bien que lui !

« On pouvait lire, en effet, dans le *Bulletin officiel de l'Éducation nationale* du 19 novembre 1964, à propos du bac de 1966 :

"[...] En 1966 [...] les épreuves porteront sur l'ensemble des programmes de première et de classe terminale".

« Et c'était signé : Christian Fouchet.

« Cet âne a une mémoire de lièvre ! »

C'était le 29 octobre, vers midi. Sur un trottoir de Saint-Germain-des-Prés, entre le drugstore et la porte à tambour de la brasserie Lipp, deux hommes abordent le principal opposant au roi du Maroc :

– M. Ben Barka ?

– Oui...

– Suivez-nous, s'il vous plaît.

– Et pourquoi ?

– Brigade mondaine, Monsieur, dit l'un des hommes en montrant une carte barrée de tricolore.

– Des gens importants veulent vous voir, reprit le second.

– Des officiels marocains ?

– Nous n'en savons rien, Monsieur, nous devons vous accompagner à un rendez-vous.

– Je vous suis, dit Ben Barka plutôt confiant.

Il monta dans une voiture rangée à dix mètres de là. Un étudiant qui l'escortait avait entendu la conversation. Le soir même il prévint le frère de Ben Barka. Aussitôt, celui-ci alerta le ministre de l'Intérieur français, Roger Frey, et même l'Élysée. *Le Monde* du lendemain annonça la disparition du chef de l'Union nationale des forces populaires marocaines. Europe n° 1 reprit l'information, puis d'autres médias. Entre-temps le frère de Ben Barka avait porté plainte pour enlèvement et s'était constitué partie civile.

Trois mois plus tard, dans un meublé parisien, la police découvrit le cadavre d'un des complices du rapt. Il se nommait Georges Figon et se serait suicidé. Il s'agissait d'un escroc minable, qui s'était fait passer pour un producteur de cinéma ; il avait attiré Ben Barka à Paris sous le prétexte de tourner un documentaire historique sur la décolonisation ; Marguerite Duras devait assurer le scénario et l'estimé Georges Franju la réalisation. Le *Canard* ne croyait pas trop à la thèse commode du suicide et reprit carrément le bandeau de son édition de 1934 sur l'affaire Stavisky : « Figon s'est suicidé d'un coup de revolver qui lui a été tiré à bout portant. » Un dessin de Lap montrait deux policiers qui papotaient devant le cadavre : « Il s'est cogné contre une balle. »

Il n'y avait pas que Figon, dans cette brumeuse histoire d'enlèvement et de meurtres. Le général Oufkir était à Paris vers la fin du fatal mois d'octobre 1965, et le personnage était un amateur de complots. À l'époque fidèle à son roi, il était fort capable de le débarrasser des gêneurs comme Ben Barka. Il n'y avait pourtant aucune preuve pour l'accabler, même si deux ans plus tard les assises de la Seine le condamnèrent à perpétuité par contumace. Des années après comme il fut à son tour accusé d'avoir voulu renverser Hassan II, il semble que ce dernier l'ait exécuté sur les marches du palais avec son propre revolver. Surtout, on vit à cette occasion apparaître les *barbouzes*, immortalisés par Georges Lautner mais de façon comique. Là, ils n'avaient rien de burlesque, ces tueurs de l'ombre. Parmi eux on trouva des flics et des truands. Dès novembre 1965, le *Canard* souleva un certain nombre de questions, en publiant des échos et des articles d'où il ressortait que les services français du renseignement connaissaient les projets d'enlèvement de Ben Barka depuis le mois de mai. Avaient-ils été poursuivis pour non-dénonciation de malfaiteurs ? Non. D'autre part, alertée dans la matinée du 30 octobre, la police n'avait pas essayé de retenir les responsables dont ils savaient les noms. Quant à Roger Frey, ministre de l'Intérieur, il connaissait le 3 novembre une large part de la vérité. Il ne dit rien, pour ne pas gêner l'imminente réélection présidentielle du général, lequel ne voyait dans cette affaire glauque que des manipulations subalternes. Bref, les fonctionnaires, vrais ou faux, qui avaient participé à l'élimination de Ben Barka n'étaient que des sous-fifres.

Les bas-côtés du régime gaulliste n'étaient pas reluisants. En France et en Afrique des hommes de main agissaient sur commande, puisaient dans des fonds secrets, basculaient souvent dans la délinquance et les trafics, à moins qu'ils n'en proviennent. Jean Clémentin consacra la page 4 entière à décortiquer les réseaux gaullistes créés pendant la Seconde Guerre mondiale ; assoupis jusqu'en 1958, ils avaient été réveillés par l'arrivée de Mongénéral au pouvoir. Clémentin citait notamment le Service d'action civique, le S.A.C. dont il décrivait le calamiteux recrutement :

« Les barbouzes sont l'un des piliers de l'État gaulliste. On dirait que c'est une loi historique : partout où il y a un pouvoir personnel (Duce, Caudillo, Führer, Bikbachi du monde arabe, etc.) il y a dans l'allégeance du Chef des hommes qui lui doivent tout, qui ne rendent des comptes qu'à lui et qui, bien qu'intervenant constamment dans les affaires de l'État, n'appartiennent à aucun des cadres normaux dudit État. C'est dans la nature du pouvoir personnel et c'est dans la nature du régime gaulliste. Débarbouzer la Cinquième République c'est l'abattre. »

Avoir vingt ans sous de Gaulle, c'était étouffer. La jeunesse manquait d'air et avait très envie d'ouvrir les fenêtres en grand, mais les bonnes mœurs donnaient le la et les interdictions fleurissaient comme des chardons. En 1966, un 1er avril, le secrétaire d'État à l'Information, et non à la Culture, interdit un film de Jacques Rivette, *La Religieuse*, adapté d'un ouvrage de ce Denis Diderot qu'on enseignait dans les écoles. Un classique, qu'on pouvait acheter en Livre de Poche. Même s'il avait appartenu à l'iconoclaste Nouvelle Vague des années soixante, Rivette n'était pas un joyeux drille ni un démon. Son cinéma était plutôt rigide et rasoir, mais voilà, il avait touché à un sujet qui crispait les âmes pieuses, celles qui régentaient les beaux-arts et la vie privée. Les associations catholiques ne se contentèrent pas d'une interdiction aux moins de dix-huit ans.

Le frénétique député ultra du VIIe arrondissement de Paris, Édouard-Frédéric Dupont, avait même saisi le préfet de police, un haut fonctionnaire qui ne plaisantait pas avec les bonnes mœurs et se nommait Maurice Papon. Quel était donc l'objet de ce scandale ? *La Religieuse* raconte l'histoire d'une jeune fille contrainte d'entrer dans un couvent, qui refuse de prononcer des vœux lourds comme des chaînes et de s'enterrer à vie entre quatre murs et trois psaumes. Anna Karina, voilée comme une salafiste, y était très jolie.

Il y eut une riposte.

Jean-Luc Godard envoya une lettre incendiaire à André Malraux, lequel ne répondit pas franchement mais contourna l'obstacle en faisant figurer le film maudit dans la sélection du Festival de Cannes. De leur côté, des étudiants et des lycéens signent la pétition qu'ils découpent dans l'hebdomadaire *Arts & loisirs*, et le *Canard* publie un formulaire à adresser au secrétaire d'État fautif, sur lequel il est simplement écrit les cinq lettres du mot MERDE !

Et le général, dans tout ça ?

Il avait d'autres soucis. Lui qui pensait passer avec aisance l'épreuve de sa réélection, face à un Jean Lecanuet centriste et maire de Rouen, se retrouva mis en ballottage par un nouveau venu, François Mitterrand. « Ballottage franc et massif » titra le *Canard*. Le 19 décembre il fut « Élu… mais non approuvé » Son nouveau surnom ? « Le repris de justesse ».

Arriva 1968.

En début d'année le *Canard* traita des thèmes encore présents de nos jours, non résolus et qui préoccupent. Les paradis fiscaux, par exemple. Défilaient déjà Monaco, le Liechtenstein, la Suisse, Beyrouth, les Bermudes, le

Liberia, Hong Kong, Macao ; on s'attardait sur l'Émirat de Dubai : « […] en dix jours aller et retour ils portent en Inde ou au Pakistan quelque 110 tonnes d'or par an, sans compter 8 millions de livres sterling "d'appareils et ustensiles ménagers", qualificatifs douaniers couvrant les montres suisses dont Dubai est maintenant le second importateur du monde […] »

Yvan Audouard, dans « La politique aux orties », se plaignait des ridicules précautions oratoires alors en vogue ; pour ne pas froisser les oreilles tendres des députés, on ne pouvait plus s'écrier comme avant : « M. Untel est une canaille ! » On préférait biaiser et évoquer avec mille politesses : « Sans vouloir mettre en doute l'honnêteté de M. Untel, il peut paraître troublant… » Jean-Paul Grousset préférait dialoguer sur nos habitudes culinaires qui se dénaturaient. En se promenant aux Halles, il interrogea un quidam :

– Où faut-il s'adresser pour manger la soupe à l'oignon.

– La construction cubique que vous voyez là-bas, et qui groupe les éléments d'animation, abrite un drugstore qui sert d'excellents potages à base de liliacées synthétiques…

Comme on le voit, en 1968, la cuisine et le vocabulaire se compliquaient. Était-ce pour se distraire ? Dans *Le Monde*, Pierre Viansson-Ponté venait d'écrire un article que plus tard on trouva prophétique, « La France s'ennuie ». Audouard lui répondit vite fait dans les colonnes du *Canard* : « La France s'amuse » :

« Les Français s'ennuient (a écrit Viansson-Ponté dans *Le Monde*). Parce qu'ils n'ont pas d'ennuis (a suggéré André Frossard dans *Le Figaro*).

« Je tiens ces deux confrères en très haute estime. Mais ils me semblent être, tous les deux, à côté de la vérité. Et même aux antipodes.

« Car j'ai le sentiment que les Français, au contraire, s'amusent énormément.

« Que voulons-nous qu'ils fassent d'autre ? Chaque jour leur apporte leur ration de bonne humeur et tout en remplissant leur feuille de recensement (où on leur demande par exemple s'ils habitent "un logement de fortune" sans leur préciser s'il s'agit d'un appartement de grand standing), il leur arrive d'éclater de rire tout seul, tellement la conjoncture leur paraît plaisante. » S'esclaffer semblait à Audouard la meilleure solution pour rester debout en face d'un pouvoir gaulliste de plus en plus casse-pieds qui voulait tout régenter. Groupés sous le patronyme de Jérôme Canard, les complices d'Audouard en avaient gros sur la patate et le publiaient sans chichis :

« Que de Gaulle se décrète officiellement consul à vie, empereur, ce qu'il veut.

« Mais qu'il nous fiche la paix avec son "Vive la République !" par quoi il se croit tenu de ponctuer tous ses discours. »

Morvan Lebesque livrait sur trois longues pages ses « Choses vues dans la Tchécoslovaquie en révolution », Martin Luther King était assassiné et le massacre de cinq cent quatre civils à Mŷ Lai par la 23e division d'infanterie américaine exaspérait un peu plus les étudiants du monde entier contre la guerre du Viêt Nam. À Berkeley, Berlin, Paris, on allait défiler en scandant « Hô-Hô-Hô Chi Minh ! Che-Che-Guevara ! » Chez nous, l'étincelle vint de Nanterre. C'était dans cette banlieue que le rectorat avait eu l'idée lumineuse d'établir une fac sur un ancien terrain de l'armée de l'Air. On y expédia les étudiants des quartiers rupins de la capitale qui s'y embêtèrent aussitôt. Pensez donc : de la place de l'Étoile ils mettaient une heure et demie pour y arriver, devaient prendre deux bus et marcher une bonne demi-heure le long du grand bidonville où la police n'osait plus rentrer, ni même les médecins. Sur place, ceux qui avaient un cours le matin à 9 heures et un autre le soir, n'espéraient même pas revenir à Paris dans l'intervalle, à cause de la durée des trajets, et bien peu avaient une voiture. Alors ils piétinaient, tournaient en rond, allaient avaler un hot dog au bistroquet arabe, juste après un terrain vague en pente et fort boueux dès l'automne. Les plus malins allaient écouter en amphi les cours d'Henri Lefebvre qui leur parlait de la vie quotidienne. Ils discutaient beaucoup, s'échauffaient, finirent par s'en prendre aux appariteurs, d'anciens militaires qui interdisaient aux garçons d'entrer dans le bâtiment des filles, et vice versa. L'incident prit des proportions. La presse commença à parler des enragés. Le *Canard* aussi. Gabriel Macé pondit un article pour expliquer que Christian Fouchet devenait ministre de l'Éducation et de l'Intérieur : « Les incidents de la fac de Nanterre et du lycée Condorcet nous ont révélé la présence permanente, dans les établissements scolaires, de "poulets" en civil. Déguisés en faux pions, faux surgés, faux appariteurs ou faux profs, ces semi-bourgeois ont la délicate mission d'avoir à l'œil notre studieuse mais suspecte progéniture – les vrais surgés, répéts, censeurs ou profs ne suffisant plus probablement à la tâche. »

On sait ce qui s'ensuivit. La colère monta, qu'alimentait la maladresse du gouvernement. Lorsque Malraux voulut écarter Henri Langlois de la Cinémathèque qu'il avait créée, cinéphiles, cinéastes et bientôt étudiants se mobilisèrent. Traité comme un valet de dictateur, Malraux dut reculer et Langlois fut rétabli à son poste. Le 16 mars sortit en librairie l'essai d'un Britannique qui tombait pile : *La France par les Anglais*, une sorte de

Carnets du major Thompson inversés qui nous expliquait pourquoi les étudiants en avaient marre ; le *Canard* en cita des extraits qu'il trouvait judicieux : « Je suis persuadé qu'un système scolaire plus humain, des parents et des éducateurs moins paternalistes, donnerait à la jeunesse plus d'aisance dans son expression collective. Et si l'État gaulliste, paternaliste entre tous, acceptait de créer un climat plus démocratique, la jeunesse sentirait moins son isolement et son impuissance. »

Et puis, le 8 mai : « Le gouvernement a perdu le contrôle de ses facultés ». Qu'avaient-ils donc, ces étudiants ? Ils voyaient leur avenir bouché, disait Tréno : « En sortant de la fac de Nanterre, le premier emploi qui est offert à des jeunes sociologues fut celui de fonctionnaire dans le service du chômage. » Et Morvan Lebesque devenait lyrique : « Quoi de plus beau que la jeunesse en colère ! Quoi de plus symbolique que ce jeune lanceur de pierre qui nous apparaît durant quelques secondes sur le petit écran, dans le style classique du discobole, faisant face aux hommes à boucliers du service d'ordre. De quel ordre, au fait ? » Le reporter du *Canard* était là ce lundi soir, à 21 h 30, place Edmond Rostand, quand il y eut un lancer de grenades au café *Le Luxembourg* : « La police cogne systématiquement sur tous ceux qui sortent. Trois policiers frappent à tour de rôle un homme de 45 ans qui n'avait évidemment pris aucune part aux manifestations. Notre confrère présente une carte de presse : on la lui arrache et la lui déchire, on l'insulte et on lui envoie des coups de pied. » Enthousiaste dans la cour de la Sorbonne occupée, Morvan raconta avec fougue les événements dans un interminable « Choses vues chez les étudiants. » Au matin du 19 juin, lorsque tout fut retombé, le *Canard* sortit un petit format, *Le Canard de Mai*, encarté dans le numéro ordinaire, où l'on pouvait lire cette réplique de Mongénéral aussi déphasé que Louis XVI en son temps :

– Un monôme ?

– Non, Sire, une révolution !

Déphasé, en effet, de Gaulle le fut le bout en bout. Comprit-il seulement la grève générale, quand les ouvriers s'en mêlèrent ? Comprit-il la pénurie d'essence et les monceaux d'ordures qui s'entassaient sur les trottoirs ? Connut-il les agissements de ses barbouzes ? Soudain, il disparut à Baden-Baden chez son fidèle Massu. Au même moment, six mille parachutistes, partis de Solenzara en Corse, atterrirent sur la base aérienne 105, à Évreux, avec des rations de combat et l'ordre de prendre position autour de Paris. Mais George Séguy, de la CGT, arrêta la grève et le général, dans un discours radiophonique, rameuta ses troupes qui défilèrent sur les Champs-Élysées. La chienlit était finie, croyait-on.

8

De Jaurès à Sherlock Holmes

2 décembre 1978 :
manifestation pour le Larzac.

Au journal, les années soixante-dix s'ouvraient sur une hécatombe. Jeanne Maréchal venait de disparaître ; elle était le lien direct avec les origines du *Canard* et les poilus de Verdun. Les doyens René Buzelin et Roger Salardenne étaient également tombés au champ d'honneur de la presse, ainsi qu'Henri Jeanson le coriace, puis Morvan Lebesque, foudroyé par une crise cardiaque dans une rue de Rio. Ce fut ensuite le tour de Tréno qui ne se remit pas d'une opération dans un hôpital de Neuilly et Fressoz salua l'homme qui avait dirigé, maintenu, relevé, rénové et multiplié l'hebdo satirique du mercredi : « Tréno aura haussé le *Canard* au niveau des grands journaux, réussissant cette gageure d'en augmenter à la fois le tirage et la qualité en préservant l'honnêteté. D'en faire pour tout dire un grand journal qui soit resté un journal propre. »

Il y avait aussi la tombe du général. Fressoz lui rendit hommage à sa manière dans la dernière chronique de « La Cour » qu'il titra « Mort du Roi » : « Il avait vécu pour gouverner l'État et l'avait gouverné sans frein pendant longtemps. Depuis que l'État s'était dérobé à lui il ne faisait, en réalité, que survivre. Sans doute s'était-il roidi, après son abdication, à paraître soulagé, dispos, curieux de voyages, disert en mémoires, sinon en propos ou en discours. Mais on devinait, à des signes, que c'était pour la montre et pour donner le change du sourd chagrin qui l'envahissait. Le 9 novembre, par un triste soir d'automne, le Roi se retira soudainement d'un monde qui s'était déjà, lentement, retiré de lui. »

Sacrilège !

Il y eut une réaction déraisonnable dans le pays.

À Lyon, des lecteurs s'offensaient de ce qu'ils estimaient une attaque contre leur grand homme et ils s'en plaignaient à leur kiosquier. À Nice, d'autres menacèrent d'incendier la guérite d'un marchand s'il ne retirait pas l'infâme torchon de son étalage. Un monsieur en acheta quatre exemplaires pour les brûler sur le bitume.

L'époque avait changé.

Le *Canard* aussi.

Il avait désormais deux têtes, celle de Fressoz et celle de Clémentin, le directeur de la publication et son rédacteur en chef. Avant, longtemps avant, Châtelain-Tailhade avait donné aux apprentis journalistes cette leçon : « Le journalisme, leur avait-il dit, c'est avant tout des idées, des principes, bons ou mauvais, qu'importe, exposés noir sur blanc, affirmés, défendus contre tout ce qui les contredit ou les menace et c'est d'autres idées, d'autres principes contraires, combattus ou nargués avec, dans tous les cas, cette sincérité passionnée qui, même balbutiante, même encore ignorante du "métier" et de ses ficelles, a presque toujours le reflet sympathique du talent. La grande presse, c'est autre chose. C'est de l'information (qu'on dit) téléguidée, mise à la sauce maison par des salariés payés pour n'avoir personnellement rien à dire, pour se soumettre sans murmure aux exigences de superpatrons clandestins, *via* les consignes d'un "boss" de façade, homme de paille grimé en faux bonhomme de plume. » Fressoz complétait en la corrigeant la définition de son camarade, à propos du seul *Canard* : « Satirique, c'est-à-dire critique. Or critiquer c'est informer. C'est donc un journal d'informations critiques. »

Clémentin installait une autre stratégie dont Jean Egen, dans *Messieurs du Canard*, résumait les objectifs : « Finis les combats singuliers, les pamphlets incendiaires. Il ne s'agit plus de pousser des cris. Il faut faire la lumière. Braquer le projecteur du *Canard* sur le festin des rongeurs. On ne polémique plus avec des mots. On polémique avec des faits. L'information devient la force principale du *Canard.* » Les années soixante-dix étaient favorables à cette mutation : l'efficacité contre le style.

Vaincu à son dernier référendum, le général s'était donc retiré de l'Élysée et on ne vit plus, jusqu'à sa mort, que sa silhouette longue et massive en manteau noir, comme exilé dans les broussailles de l'Irlande. Le président du Sénat assura son intérim avant l'élection de Georges Pompidou, l'ancien Premier ministre chassé au lendemain des événements de Mai et qui se sentait depuis « en réserve de la République ». Fressoz connaissait le bonhomme et lui avait naguère consacré ce portrait dans « La Cour » : « C'était un homme d'une taille médiocre au plus, mais bien fait, fort plein sans être gros, le visage large, le poil noir, assez d'une figure aimable, la mine et le port aisés, le nez long et busqué, avec des manières entrantes, sachant fort son monde, poli avec discernement et proportion, la parole abondante et générale, mais pour ne rien dire qui le découvrît et le démasquât, car il était profondément caché, secret, même dissimulé, pouvant donner le change avec la dernière habileté. M. le Prince lui eût trouvé, s'il eût cherché, un esprit de brigue, même d'intrigue capable de cheminer dans les sentiers les plus rompus. »

Au seuil de son règne, M. Pompidou avait supporté d'ignobles cabales mais il avait tenu, notant les noms de ses ennemis sur un calepin noir qui ne le quitta plus jamais. Féru d'art contemporain, il meubla les salons de l'Élysée avec des canapés et des tables qu'on croyait sortis des albums de Spirou et il fit accrocher des tableaux aux couleurs pétantes que le visiteur était obligé d'admirer. Il se croyait grand architecte et avait un plan pour esquinter durablement Paris, voulant livrer la ville à la voiture, bétonner les deux rives de la Seine, planter un Manhattan à l'Opéra et recouvrir d'une autoroute le canal Saint-Martin. Il lança des pelleteuses en plein mois d'août qui démolirent les pavillons de Baltard, le premier exemple d'architecture métallique sous Napoléon III malgré les protestations nombreuses des Parisiens. Rappelons qu'il venait de la banque et ceci expliquait sans doute son goût de la promotion immobilière, laquelle s'épanouit et qu'il développa. Les pages 3 et 4 du *Canard* furent alimentées sans cesse des combines et des malversations de ce qu'on nomma le gaullisme immobilier. On y parlait aussi du désastre économique du Concorde, d'un trafic d'armes à destination de la Libye et de révélations sur le passé de Maurice Papon. Toutes les turpitudes du pouvoir s'y affichaient. Et ce fut au tour de la Garantie foncière d'écoper ; une société d'abord accusée de publicité mensongère achetant à bas prix des terrains et des immeubles qu'elle se revendait à elle-même grâce à des sociétés écrans dont les dirigeants se sucraient royalement au passage. Or, ces dirigeants étaient très proches du parti au pouvoir, celui de M. Pompidou, qui était devenu expert en acrobaties fiscales. Roger Fressoz passa à l'attaque :

« Grande truanderie ou petits trafics, au détour de chaque nouveau scandale, on retrouve tout à coup, invariablement, la main basse, les dents longues, la mine louche de personnages du régime ou liés au pouvoir. Ils sont partout. Jamais les fricoteurs n'ont eu la partie aussi belle et la voie aussi libre. Il faut remonter aux spéculations effrénées du Second Empire ou aux dernières années de la monarchie de Juillet pour trouver l'équivalent. »

Et Clémentin insista sur le rôle du *Canard* :

« L'initiative de révéler et donc de dénoncer ces opérations frauduleuses a été prise par *Le Canard enchaîné* en février 1970 sur la vue de dossiers constitués par les experts du Bureau de vérification de la publicité. La question reste posée de savoir s'il y aurait eu des poursuites sans la campagne publique que *Le Canard enchaîné* a entreprise et menée jusqu'au bout. »

Il y eut même des publicités clandestines à la télévision d'État ; la seule, d'ailleurs. Des ristournes de cent cinquante millions de francs dont « La Mare aux Canards » suivit les péripéties : « Et je ne vous parle pas de la Garantie foncière, du Patrimoine foncier, du Parc des Princes, de la Société E.T.E.C., de la Française des ferrailles, du cabinet Dega et Lemarchand, de la pharmacie Dubergeron, d'autres affaires des compagnons, c'est pour ne pas leur faire de la publicité clandestine… » On l'a oublié, mais l'E.T.E.C. dont il est fait ici mention, était l'entreprise de la « bande à Charly », montée par des anciens du Service d'action civique, un mélange de racket, de trafic d'influence, de chantage et d'action politique. Malheur à qui y regarderait de trop près, et dans « Petits curieux », « La Mare aux Canards » nous éclaira une fois encore :

« La Commission parlementaire d'enquête chargée d'étudier les affaires immobilières qui ont défrayé la chronique voudrait entendre un certain nombre de députés mis en cause, il y a trois mois, par Rives-Henrÿs, à la tribune de l'Assemblée nationale.

« L'Élysée a dit non.

« Messieurs les commissaires sont passés à l'ordre du jour. »

Allez, circulez ! Gabrielle Russier ? Rien à en dire. Souvenez-vous. Cette professeure était tombée amoureuse d'un de ses élèves, un mineur ; traquée, vilipendée, elle avait fini par se tuer. Audouard et Jeanson se portèrent inutilement à son secours et Pompidou, qui avait repris le spectacle gaulliste de la conférence de presse, n'avait pas vraiment répondu à la question qu'on lui posait de la salle. Il s'en tira par une pirouette, en citant trois vers d'Éluard pour étaler son savoir scolaire. « Baisse un peu la bajoue » lui répondait le *Canard* qui, étant donné son embonpoint et sa naissance à Monboudif, le surnommait « le président Monbouffi ». Drôle de climat. Avec les Mirage qu'on lui vendait, Khadafi le Bédouin descendit par mégarde un avion américain ; nous n'y étions pour rien. Rien dire, rien voir, rien revendiquer. Gabriel Macé l'avait bien compris : « Les quotidiens, les hebdomadaires et les mensuels ne diffuseront, désormais, que de bonnes nouvelles. C'est pour ça, d'ailleurs, qu'on a créé un ministère de l'Information. »

Pendant ces temps de mollesse éditoriale, le *Canard* enquêtait, enquêtait, enquêtait. Il enquêtait sur les fonds secrets de Jacques Foccart, l'ancienne éminence grise du général qui mettait et démettait à sa guise des chefs d'État en Afrique, autrement dit en Françafrique, pour veiller à nos intérêts. Pour la première fois, le *Canard* inaugura les informations en chapelet, c'est-à-dire une sorte de long feuilleton qui pouvait s'étirer sur des semaines. Ainsi furent traités Jacques Foccart, ses manœuvres et ses ruses. Il y eut comme préambule un article anonyme en bas de page qui expliquait la mise à l'écart du présumé délinquant pendant le court intérim à l'Élysée de M. Poher, quand celui-ci découvrit une commode qui contenait assez d'électronique pour enregistrer la plupart des conversations du palais présidentiel. Puis les révélations se poursuivirent. Un nouvel article évoqua les détournements de fonds publics en faveur des pays africains ; Foccart avait-il empoché des fonds secrets pris sur la liste civile de la présidence ? Un autre article s'interrogeait sur les véritables attributions de Foccart, et les raisons pour lesquelles il fut réintégré rue de Grenelle, dans ses bureaux de l'hôtel de Noirmoutiers, comme secrétaire général pour les affaires africaines et malgaches. Le nouveau président Pompidou se méfiait pourtant de lui.

N'en pouvant plus, M. Foccart assigna le *Canard* en justice « devant notamment le caractère systématique de la campagne entreprise contre lui ». À la suite de cette assignation, le journal augmenta sa puissance de feu et gratifia le plaignant d'une page entière par semaine pendant plus de deux mois, pour décortiquer sa biographie, enquêter sur les polices parallèles qu'il bichonnait ou sur son rôle dans la politique africaine. Suprême astuce, le plaintif plaignant ne saisit pas le tribunal pénal mais la justice civile, comme un simple particulier, propriétaire d'une innocente société d'import-export. Il n'y eut donc aucun témoin pour le contrarier. Le tribunal, à la fin, se déclara incompétent, mais les lecteurs du *Canard* plus savants.

Des faits ! des faits ! insistait Clémentin. Les faits se trouvaient désormais partout dans le *Canard* et ces Messieurs de la Chambre, chaque mercredi, au lieu d'entendre les questions au gouvernement, ce pieux exercice préparé d'avance, dépliaient dans les travées les grandes pages du *Canard* pour y débusquer la vacherie d'un adversaire, tordre le nez ou sourire. La page 2 était désormais nourrie en abondance par les journalistes qui rabattaient les nouvelles, ou par les confidences qui arrivaient toutes seules rue des Petits-Pères. Fressoz expliquait avec clarté le phénomène ainsi amorcé : « Nous bénéficions d'un travers de la nature humaine : quiconque sait quelque chose veut qu'on sache qu'il le sait, donc il le dit ! Mais nous ne sommes pas une simple boîte aux lettres. Nous vérifions tous les échos qui nous parviennent. L'information n'est jamais neutre : on nous la donne soit pour se valoriser, soit pour déprécier un adversaire, ou pire, un ami. »

Le *Canard* s'interdisait de franchir le seuil de la vie privée, mais, parfois, celle-ci rejaillissait sur la vie publique. Ce fut le cas pour le Premier ministre de Pompidou, Chaban-Delmas ; il avait été général de la Résistance et président de l'Assemblée, connu pour sa voix nasillarde qui fit le succès de Thierry Le Luron. Il prônait l'effort pour les autres mais il se dispensait aisément de l'impôt. Par quel tour de passe-passe, au moment où son gouvernement lançait la bataille contre la fraude fiscale, s'exonérait-il de l'impôt ? Le *Canard* publia d'un coup quatre de ses déclarations de revenus successives, couvrant les années 1967, 1968, 1969 et 1970. Le Premier ministre, pendant ces quatre ans, n'avait rien versé au fisc. Pourtant il possédait un grand appartement à Paris, une maison de campagne, un portefeuille d'actions assez joufflu… Ce fut pire lorsqu'on apprit que le fisc lui devait de l'argent. Ces opérations vaseuses étaient légales et on sut à quoi servait « l'avoir fiscal » : les actionnaires d'une société pouvaient déduire de leurs impôts la moitié de leurs dividendes. Ainsi, le peu délicat Premier ministre était-il passé sous le seuil d'imposition.

Quand parurent les accablantes photocopies des déclarations de Chaban, les lecteurs du *Canard* se mirent à chuchoter. D'où venait l'information ? Chacun avait son idée des sources. Un employé de ministère déçu, disaient les uns, un rival qui cherchait à se venger. Le nom de M. Giscard d'Estaing courut : le ministre des Finances ne voulait-il pas écarter son collègue qui lui faisait de l'ombre ? D'autres pensaient à Jacques Chirac, chargé des relations avec le Parlement ; mais il payait lui aussi peu d'impôts parce qu'il restaurait le château de Bity qu'il avait acquis pour soixante mille francs, et n'y gagna que le sobriquet de « Château-Chirac ». On évoqua encore les conseillers occultes de Pompidou, pour qui Chaban était trop à gauche.

Tout le monde se trompait. La fuite venait de Georges Dega, un conseiller fiscal naguère proche de Chaban. Son frère Édouard, inspecteur des impôts, était au trou pour avoir trop bien arrangé quelques-uns de ses riches amis. Ces révélations firent du bruit, voire un sacré tintamarre. L'*International Herald Tribune* parla d'une tempête politique. D'autres plaignaient Chaban dont ils comparèrent le sort à celui de Roger Salengro, ce ministre du Front populaire qui fut réduit au suicide par une virulente campagne de la presse d'extrême droite. Les journalistes du *Canard* furent traités de gauchistes, de communistes, ils manquaient de sens civique, sapaient les fondements de la République, travaillaient au service des étrangers…, le *Canard* montrait au grand jour qu'il avait un réseau d'informateurs, quoique informel et constitué au gré des circonstances. Cela n'empêchait pas de rire, car cette fonction n'était pas oubliée, et notre Volatile continuait à noter les propos inutiles prononcés à la tribune de l'Assemblée, comme celui-ci, de Pierre Messmer, lequel croyait avoir découvert la lune :

« Le problème de l'immigration est un piège tendu par l'Histoire. Jusqu'à présent, la France s'était habituée à coloniser une partie du monde or, aujourd'hui c'est le monde qui vient chez nous. »

Garde-à-vous !

Le lundi 11 septembre 1972, un quidam se présente au siège du *Canard*. Il porte une mallette et demande à la réception :

– Je voudrais voir un journaliste.

– Vous savez, Monsieur, on est lundi.

– Et alors ?

– Vous tombez en plein bouclage, personne n'est vraiment disponible…

– Je veux voir un journaliste !

– Dites au moins pourquoi, Monsieur…

– J'ai des révélations à faire.

L'homme montre sa mallette, la tapote et insiste :

– J'ai des documents qui vont intéresser votre journal au plus haut point.

Finalement, le visiteur et sa mallette se retrouvent dans un bureau en face de Clémentin et Fressoz, qui lui demandent :

– Qui êtes-vous, cher Monsieur ?

– Aranda, Gabriel Aranda.

– Qu'est-ce que vous faites dans la vie ?

– Au début des années soixante-dix, j'ai été conseiller technique d'Albin Chalandon…

– Donc, au ministère de l'Équipement.

– C'est ça. Et j'en ai vu passer, des dossiers sensibles. Je connais les noms, les dates, les chiffres.

– Si vous nous donnez tous les détails des affaires que vous semblez connaître, dit Fressoz, vous risquez de vous faire flinguer. Vous le savez ?

– Ça m'est égal, je ne peux plus me taire.

Les journalistes le regardèrent mieux. Il était presque chauve, avec un costume sombre et une pochette blanche, la parfaite caricature d'un haut fonctionnaire banal. Vous le voyez un lundi, le mardi vous ne le reconnaissez pas en le croisant dans la rue. Qu'avait-il donc dans sa mallette ? Il l'ouvrit. On éplucha ses dossiers. Le premier concernait des permis de construire accordés avec légèreté. Les chalets à venir se situaient dans des couloirs d'avalanche connus, à Val-d'Isère. Or, en février 1970, des avalanches avaient tué quarante-quatre vacanciers dans cette station et à cet endroit. Les constructions emportées avaient donc été édifiées dans des zones non constructibles, sur le trajet des avalanches. Et voici le rapport demandé au ministre de l'Équipement après la catastrophe ; il soulignait la responsabilité des élus locaux, des cadres de la gendarmerie, des fonctionnaires de l'Équipement et de la préfecture de l'Isère. Ce rapport ne fut jamais publié et aucune suite ne fut donnée.

– La suite, c'est le *Canard* qui doit la donner, dit Aranda, qu'on surnomma sans tarder « l'archange Gabriel », en référence à celui qui apporta la bonne nouvelle à la Vierge Marie et dicta le Coran à Mahomet.

Aranda apportait bien d'autres révélations, du trafic d'influence à la prise illégale d'intérêts. C'était M. Roger Léonard, qui présidait la Cofiroute ; il écrivait au ministre Chalandon pour que la rénovation des routes nationales ne nuise pas à la rentabilité des autoroutes qu'il gérait. C'était René Tomasini, dit « Toto », ancien secrétaire général du parti gaulliste, qui demandait à son « cher Albin » de confier à une société privée, l'Entreprise industrielle, la construction de l'autoroute Narbonne-Bordeaux. Un autre député, Gérard Sibeud, intervenait pour que le ministre attribue un permis de construire à Édouard Leclerc, le distributeur ; un autre ancien ministre, M. Habib-Deloncle, voulait oublier la procédure légale de l'appel d'offres pour un marché public et souhaitait que l'entreprise Ballot raccorde l'autoroute de l'Ouest au périphérique « par un marché de gré à gré »... Nombre d'élus confondaient les intérêts particuliers avec l'intérêt général, et le *Canard* publia ces affaires qui démontraient la connivence entre le parti au pouvoir et le monde des affaires.

Les documents d'Aranda étaient irréfutables et leur publication s'étala sur deux mois. L'archange Gabriel était tout de même bizarre. Il ne demandait pas d'argent mais seulement la publication de ses photocopies, comme s'il se contentait de réparer des injustices. On sut qu'il n'était pas vraiment haut fonctionnaire. Il avait débuté comme apprenti pâtissier, puis devint employé de banque, puis journaliste économique avant de rejoindre le cabinet d'Albin Chalandon. Son rêve, et il en persuadait ses interlocuteurs, était d'assainir la vie politique. Au ministère de l'Équipement, où il ne travailla qu'un an et demi, il était chargé de la communication.

La communication, c'était son fort.

Il se cachait sous un faux nom dans un palace de l'avenue Georges V et donna rendez-vous à une avocate qu'il avait connue, au rayon boutons, chez Brummell. Son goût de la clandestinité cachait mal son délire de la persécution ; il s'entourait de mille précautions. Il écrivit un livre, *L'État piégé*, à cette même époque, où il expliqua le grand jeu de piste qu'il fit jouer aux journalistes du *Canard :* « Je disposais de 138 documents répartis en 367 photocopies et je devais les cacher. Certes, le paquet n'était pas si gros et la bombe était miniaturisée. Mais où cacher tout cela ? Et d'abord pourquoi ? Ces documents étaient, d'une part, la garantie de ma sécurité et, d'autre part, ils devaient servir à alimenter régulièrement la campagne que j'avais entreprise pour dépiéger l'État. » Que fit-il ? Il éparpilla son trésor. Il enfouit au petit matin des cylindres étanches et cachetés dans des trous creusés au pied de huit arbres, dans huit endroits différents. Avant de quitter la rédaction du *Canard* que ses premières révélations avaient appâtée, il avait laissé ses consignes : « Pour trouver les documents sur les scandales, vous prenez l'autoroute du Sud, vous sortez à Ury, vous suivez la route de Fontainebleau, vous faites 2,5 kilomètres, vous tournez à droite en direction de Thomery, vous roulez 350 mètres, vous apercevez à droite une clairière, vous stoppez, vous descendez de voiture, vous trouvez un petit chemin indiqué par une pancarte fixée sur un autre : "chemin de chênes au chapon", vous empruntez le chemin des chênes au chapon, vous marchez 200 mètres, vous découvrez sur votre gauche un superbe chêne marqué de deux bandes blanches et d'une bande rouge – c'est le seul marqué ainsi sur tout le chemin –, vous remarquez enfin un arbre situé à gauche du chêne et un peu en retrait, vous prenez votre pelle et vous creusez au pied de cet arbre, face au chemin, vous remuez 50 centimètres de terre, pas plus, et vous découvrez un joli petit container. Les photocopies sont dedans… Voilà. » Une deuxième cachette se trouvait près de Rouen, sous un châtaignier.

Aranda relaya les informations livrées au *Canard* par des publications dans *Le Monde ;* il donna aussi des interviews. Quand Olivier Guichard, éminent baron du gaullisme, remplaça Albin Chalandon, il poursuivit Aranda pour vol de documents administratifs et les journaux pour diffamation : *Le Monde*, *Combat*, *L'Humanité* furent inquiétés mais non le *Canard.* Tout cela se termina par un non-lieu et Aranda disparut en Suisse où il redevint un employé terne, modèle et sans histoire. Certains accusèrent alors le *Canard* de fouiller dans les poubelles, mais le volatile confirma son rôle de « journal le mieux informé de France ». Les photocopies dès lors, furent la meilleure façon de faire circuler des informations secrètes sans même toucher aux originaux. Cette arme redoutable se banalisa.

Multipliée, diverse, rajeunie, motivée, la nouvelle équipe du *Canard* se pencha sur des thèmes neufs. Elle prit le parti des ouvriers de Lip qui occupaient et faisaient tourner leur usine, et contre les militaires qui espéraient remplacer les brebis du Larzac. Elle se manifesta pour légaliser l'avortement et défendit des militants arrêtés parce qu'ils vendaient *La Cause du peuple*. Bref, elle prolongeait le vieil antimilitarisme du *Canard* et protestait contre l'État policier.

Le ministre de l'Intérieur, Raymond Marcellin, ne décolérait pas contre ce satané journal et ses méthodes. Il cherchait à tarir les sources de l'hebdomadaire et à l'empêcher de publier ses affreuses révélations. Les Renseignements généraux s'activaient, constituaient des dossiers, questionnaient des concierges avec un air détaché, épluchaient des comptes en banque, établissaient des fiches à foison sur les rédacteurs et leurs supposés informateurs. Des journalistes étaient filés, d'autres écoutés. Les gens du *Canard* s'amusaient à déjouer les policiers et parvenaient à les ridiculiser aussi joliment que les Pieds Nickelés. Un jour, se sachant suivi par deux flics trop voyants ou mal déguisés, un rédacteur décide de les piéger. Il prévient des confrères d'autres journaux : « Postez-vous dans cette rue, elle est à sens unique, et n'oubliez pas vos appareils photo, je vais vous apporter mes suiveurs comme sur un plateau. Vous aurez leurs bobines à mettre en une ! » En effet, les deux fonctionnaires des R.G. tombent dans le panneau et les flashes crépitent pour les immortaliser. Un autre jour, le *Canard* publie la transcription d'une écoute de la deuxième section des R.G. Il s'agit d'un de ses rédacteurs. Aucune réaction dans la presse. Une autre fois, la mise en scène est plus sophistiquée. Pour certaines de ses opérations, la police utilise des camionnettes banalisées avec des fausses immatriculations. Ces véhicules discrets stationnent généralement sur un quai de l'île de la Cité, à côté de la préfecture. Des journalistes et un photographe du *Canard* se rendent sur place. Tandis que l'épouse du photographe, une hôtesse de l'air, détourne l'attention des plantons, nos compères, armés de tournevis, dévissent les fausses plaques minéralogiques, car il y en a plusieurs rivées les unes aux autres. Clac ! Clic ! photos. Les clichés paraissent dans l'hebdo mais passent inaperçus. Les exemples de duplicité et d'espionnage, les photos, les titres alléchants, rien n'y fait. Ça ne prend pas et l'indifférence de la presse est bien lourde. Fressoz dénonce ce silence et devient méchant : « La vie policière est intense. Il paraît qu'elle s'exerce même sur le téléphone interministériel. Espérons tout au moins que le président Pompidou n'est pas écouté, en particulier quand il est en conversation avec son médecin. Ça intéresserait tellement de monde. » Des rumeurs circulaient à l'époque sur la maladie qui devait emporter le président, lequel grossissait à vue d'œil sous l'effet de la cortisone.

On parlait aussi du Watergate, cet immeuble des démocrates nuitamment visité par les équipes des agents de Nixon, et le *Canard* souhaitait attirer l'attention sur ce même genre de pratique, chez nous, à propos des journalistes. Aucun écho ne répondait. En juin 1973 il avait pourtant titré « Watergate en France » et nous avait gratifiés d'un long article sur l'espionnage politique. Rien à faire. Silence. Le *Canard* avait détaillé les techniques des Renseignements généraux :

« Quand il s'agit d'un bureau à visiter, la question est simple. On travaille de nuit. En revanche, quand il s'agit d'un appartement, la visite doit, la plupart du temps, s'effectuer de jour. » Les précisions suivaient. « Au départ, il y a la pose discrète d'un minuscule micro-émetteur à haute fréquence, soit sur l'arrivée d'une ligne téléphonique (au bas d'un immeuble), soit directement dans un appartement ou dans un bureau. Ce micro peut-être relié à un magnétophone que l'on installe dans la cave, dans un appartement voisin, dans une chambre d'hôtel proche, ou dans un local appartenant aux Renseignements généraux. Mais ce n'est pas toujours possible. C'est alors qu'entrent en scène les camionnettes que nous avons photographiées. On les gare à proximité du local « piégé » par le micro-espion. À l'intérieur de la camionnette, les flics des R.G. disposent d'un récepteur enregistreur et d'un casque qui leur permet de pratiquer ainsi l'écoute directe des conversations téléphoniques de la personne espionnée. »

Cet article que la grande presse négligea était prémonitoire.

Le lundi 3 décembre 1973, peu après 22 heures, le dessinateur Escaro sort du cinéma ; il était allé voir *Dracula 73* au Studio Haussmann, avec Christopher Lee dans le rôle du vampire ressuscité par une bande de hippies. Il a garé sa voiture dans un parking proche du Palais-Royal et des nouveaux locaux du *Canard*, qui va quitter la rue des Petits-Pères pour la rue Saint-Honoré ; le journal va emménager dans les semaines qui viennent. À l'instant où il approche du 173, Escaro remarque un gardien de la paix en képi et ciré noir devant le *Spoutnik bar*, puis, en levant la tête vers ses futurs locaux il voit que les deux fenêtres du bureau de Fressoz, au troisième étage, sont éclairées. Des peintres ? Un rideau noir est tiré sur l'une des fenêtres, et il distingue des ombres qui bougent au plafond. Au deuxième étage il voit encore des ronds de lumière qui se déplacent. Il passe sous la porte cochère, allume la minuterie, trouve fermée la porte du deuxième étage, monte au troisième, et frappe à la porte également fermée. Voici le récit qu'il fit au juge, le surlendemain :

« J'ai entendu des bruits de voix de l'autre côté de cette porte, qui s'est entrouverte. Un homme en civil, assez chevelu, âgé d'environ trente-cinq, quarante ans, est apparu. Il portait un costume marron gris, peu élégant. Il m'a dit :

– Qu'est-ce que c'est ?

– *Le Canard enchaîné*, et j'ai ajouté : “Vous travaillez encore à cette heure-ci ?”

– Oui, nous travaillons au chauffage central.

« Cela m'a surpris parce que je savais que les travaux du chauffage central étaient terminés, et que le chauffage fonctionnait depuis trois semaines. Dans ces conditions j'ai poussé la porte et j'ai senti que quelqu'un se tenait derrière le battant. Quelque chose de l'autre côté de ce battant est tombé à terre et je pense que c'était la clé. L'homme qui se trouvait derrière s'est alors baissé pour la ramasser, et j'ai vu cet homme. J'ai alors complètement ouvert la porte sans me heurter à aucune résistance et j'ai questionné à nouveau. L'un des deux hommes m'a répondu :

– Tout doit être terminé pour le 15 décembre.

– Qui vous l'a dit ?

– C'est M. Omini.

« C'était le nom d'un des employés de l'architecte. Je suis alors entré franchement dans le couloir, en passant entre les deux hommes et je me suis dirigé vers la pièce du fond qui était brillamment éclairée. L'entrée de l'appartement était dans l'obscurité, et j'avais vu les deux hommes à la lueur de la minuterie du palier. J'ai débouché dans le futur bureau du directeur. Derrière moi, les deux hommes ont refermé la porte et m'ont suivi. Une fois dans le bureau, j'ai vu dans l'angle de cette pièce et près de la fenêtre occultée, trois hommes en combinaison de travail bleu clair. Un était accroupi et les deux autres debout. L'homme accroupi s'est levé quand je suis entré. L'un des deux autres a retenu mon attention parce qu'il était très grand, plus grand que moi. Il était très fort, très athlétique. »

Ils sont cinq autour d'Escaro et ne disent rien. Pas un seul mot. Au sol, des lames du parquet ont été enlevées, et deux postes émetteurs aux antennes sorties sont posés à côté. Plus loin, des boîtes avec des fils électriques dont l'un d'eux, gris et mince, court jusqu'à l'endroit où les lames de parquet ont été défaites. « C'est très, très intéressant », dit Escaro qui rebrousse chemin vers la porte d'entrée. L'homme qui lui a ouvert le suit.

– Au fait, lui demande le dessinateur, pour quelle entreprise travaillez-vous ?

– J'ai oublié, répond le type, très gêné. Et vous, quel est votre nom ?

– Vous le saurez demain.

Escaro redescend l'escalier, croise dans la rue l'un des policiers en faction et entend dans son talkie-walkie un appel des loustics qu'il vient de quitter : « Allô numéro 2, allô numéro 2, suivez le type qui sort d'ici, on décroche, sauve qui peut, sauve qui peut ! » Au Palais-Royal, Escaro rentre dans un café et téléphone pour prévenir Fressoz, Clémentin et ses amis. Ceux-ci arrivent peu après, réveillent la concierge qui leur ouvre le placard à fusibles où les ouvriers rangent leurs clés. Il y en a quatre, au lieu de trois. Un double a été laissé dans le placard. Ils montent tous au troisième étage. Les visiteurs ont eu le temps de déguerpir en emportant leur matériel. Les lames du parquet ont été remises en place. Des trous ont été rebouchés avec du mastic.

Le mercredi, la une du *Canard* était consacrée à ses visiteurs indésirables. André Escaro racontait sa découverte, illustrée de photos précises du chantier abandonné en catastrophe, des trous dans les murs ou le plafond, des fils de micros, et le journal titrait « Watergate au Canard » en lettres rouges. La plupart des confrères envoyèrent leurs limiers sur place et le scandale eut un tel retentissement que le tirage dépassa le million d'exemplaires. Le *Canard* exploita rageusement son cambriolage, jusqu'à livrer au public les noms des faux ouvriers de la DST, toujours avec des photos à l'appui. Évidemment, les adversaires tentèrent de répliquer en niant. Alexandre Sanguinetti, secrétaire général du parti gaulliste, affirma même à la télévision qu'il s'agissait d'un canular de journalistes pour augmenter les ventes. Le président Pompidou parla d'une farce à laquelle il n'attachait pas grande importance, et Olivier Stirn, toujours en pointe dans le n'importe quoi, accusa des barbouzes communistes, tandis que le guilleret Pierre Messmer voulut impliquer les services américains (qui protestèrent). Une enquête nota que le *Canard*, en pleine guerre froide, aurait eu des relations à Genève avec des agents venus de l'Est et que ces rencontres, connues de la DST, auraient déclenché la pose des micros, mais le *Canard* avait des relations dans la police, dans l'armée, chez les politiques ou les banquiers, chez les fonctionnaires de toute sorte, chez tout le monde et de partout, mais incognito. Alors l'hebdomadaire enquilla les affaires, passant de l'une à l'autre, révélant les coulisses, les embrouilles, les secrets honteux, les entourloupes de la finance : les faits ! répétait Clémentin, les faits ! En ce temps-là, je m'en souviens, je passais parfois rue Saint-Honoré pour saluer mon vieux copain Bernard Thomas, qui arrivait dans la rédaction. Dès le hall d'entrée, quand j'entrais, des messieurs se tournaient contre le mur en relevant les cols de leurs pardessus.

9

Vol au-dessus d'un nid de canards

Première carte de vœux du *Canard* dessinée par Lucien Laforge.

Les journalistes du *Canard* allaient désormais se mobiliser sur les affaires de la vie publique, grandes ou ridicules : étranges dérives financières, mœurs douteuses, crapulerie, compromissions en série et biens mal acquis, coups fourrés et croche-pattes devaient au fil des ans tisser une histoire parallèle de notre République monarchiste et de ses chefs, un peu comme le fit autrefois Suétone dans sa *Vie des douze Césars*. Entre la satire et le roman noir, il s'agissait de décortiquer un monde politique auquel manquaient des figures amples mais où foisonnaient les imbéciles et les brigands. Cette ligne se confirma dès 1974 avec l'élection d'un jeune président de quarante-sept ans, un Giscard d'Estaing à la particule rafistolée qui avait déjà gouverné nos finances. Pour parvenir au pouvoir il avait manœuvré comme un prétendant à l'Empire romain, fortifié par l'alliance du gaulliste Chirac, comme chez Suétone et Tacite, qui le débarrassa de l'encombrant Chaban-Delmas son rival, mais ce Chirac, en lui apportant ses prétoriens, n'avait trahi son camp que pour trahir encore, et il n'avait aidé le nouveau président que pour présider à son tour. Cela se savait et se voyait, et empoisonna le septennat du nouveau monarque.

Celui-ci, au début, se montra enjoué et moderne ; il supprima la censure, abaissa la majorité civile, rendit le divorce plus facile et, surtout, fit défendre à la tribune une loi forte qui autorisait l'interruption volontaire de grossesse, votée grâce aux voix de la gauche : Giscard parla de décrispation. Il donna l'exemple en personne, remontant à pied les Champs-Élysées en saluant la foule de près. Au lendemain d'une mutinerie, il serra la main à des taulards, puis il convia des éboueurs maliens à un petit déjeuner au palais de l'Élysée et il s'invita à dîner chez des Français tirés au sort. Il jouait même de l'accordéon : c'était un garçon très simple, quoique polytechnicien et énarque. Lui qui prétendait descendre de Louis XV (par sa femme de chambre, disaient les mauvaises langues) il avait le même goût que ce monarque pour la gaudriole et le *Canard* popularisa l'anecdote du laitier. Souvenez-vous. Giscard s'était évadé pour une soirée qu'on imagina vouée aux galipettes. Au petit matin, comme il regagnait l'Élysée, il heurta un camion de lait et termina son chemin buissonnier en taxi. Tout le monde se gaussa de ce très gaulois président. Dans le même registre, le *Canard* sortit ce qu'on nomma « l'affaire Daniélou ». Ce cardinal, de l'Académie française, mourut subitement un jour de mai 1974. Il avait eu une crise cardiaque en montant un escalier, affirma l'Église. Pas du tout ! répliqua le *Canard*, il est décédé dans la chambre d'une entraîneuse de cabaret. L'épiscopat fut indigné de cette révélation et rejetait les graves insinuations, les sous-entendus infamants et les charges satiriques. L'impie était désigné, c'était le *Canard*, et Gabriel Macé répondit prestement aux prélats inquisiteurs : « Nous sommes d'affreux jojos qui ne respectons pas la vie privée et qui nous répandons en sous-entendus égrillards. En somme, nous avons voulu nuire à la mémoire du Cardinal – on va même jusqu'à dire que nous avons voulu mener campagne contre le célibat des prêtres ! » En réalité, le journal avait été averti par l'un de ses informateurs habituels qui habitait, ô hasard ! sur le même palier que la dame visitée par le Saint-Esprit…

Sous le règne de Giscard il y eut tout de même des événements plus graves, ni le premier choc pétrolier ni la montée significative du chômage mais la mort brutale de trois ministres. Joseph Fontanet fut retrouvé devant le porche de sa maison, une nuit, dans une mare de sang. Les policiers qui le découvrirent crurent à un règlement de comptes entre homosexuels car il avait le visage tartiné de fond de teint ; en fait, il revenait d'un plateau de télévision et avait oublié de se faire démaquiller. Le meurtre fut tout de même classé et la famille garda le silence. On parla d'un crime de rôdeur, soit, mais imaginez-vous qu'un type à vélo puisse tirer deux balles à bout portant, en pleine nuit, sur un Parisien anonyme ? On ne pinça d'ailleurs jamais cet assassin. Le cas de Robert Boulin était encore plus troublant. Ce ministre important, dont on parlait pour Matignon, fut retrouvé, lui, agenouillé dans une flaque de la forêt de Rambouillet, le 30 octobre 1979.

Même si les contusions de sa figure semblaient indiquer un passage à tabac, l'enquête fut bâclée comme jamais et la thèse du suicide prévalut. Bien sûr, Boulin avait été escroqué par un filou sur la vente d'un terrain à Ramatuelle, mais cela suffisait-il à le tournebouler ? Des acharnés continuent à remuer l'enquête, où l'on dénombrait au moins soixante points litigieux ; par exemple, où étaient passées les deux piles de dossiers que le ministre et son chauffeur, la veille, avaient montés dans l'appartement de Neuilly ? Toutes ces incohérences, ces questions sans réponse et une autopsie plus que sommaire finirent par jeter le doute : la thèse de l'assassinat a toujours ses partisans. Le *Canard* n'en fait pas partie.

Au premier coup d'œil, le cas de Broglie, semblait plus évident.

La veille de Noël 1976, à 9 heures du matin, le prince Jean de Broglie est abattu dans une rue de Paris. Député de la majorité, ancien ministre, c'était le cousin par alliance de Giscard. Cinq jours plus tard, le ministre de l'Intérieur claironna que les commanditaires et les exécutants du crime étaient sous les verrous. Le tueur ? Gérard Frêche, un minable homme de main recruté par l'inspecteur Guy Simoné, un ripou. Le mobile ? Simplissime. L'homme d'affaires Pierre de Varga avait emprunté une forte somme au prince pour acheter un restaurant près de la gare Saint-Lazare, *La Reine Pédauque*, et comme il n'avait aucune intention de rembourser, il avait engagé un tueur. Un scénario bien mince avec une issue trop rapide, pensait le *Canard* qui se mit à enquêter. Il trouva que la Direction des enquêtes fiscales s'intéressait aux activités commerciales suspectes du prince ; cela les conduisit à des sociétés qui traficotaient des armes pour les pays arabes. Le doute s'installa sur la version officielle, et au fil des ans le *Canard* produisit une série de notes, documents, comptes rendus d'écoutes pour ridiculiser la version admise par le ministre de l'Intérieur. On apprit également que trois mois avant le crime, des pontes de la police avaient été prévenus que de Broglie était menacé de mort, que leurs agents filaient ce voyou de Frêche mais interrompirent la surveillance peu avant le jour fatal. Cet assassinat n'a toujours pas été éclairci.

Le plus joli feuilleton du *Canard* de ces années-là, ce fut tout de même l'affaire des diamants de Giscard. Elle démarre le 20 septembre 1979 avec l'opération

Barracuda : six cent quatre-vingts paras et marsouins, des automitrailleuses et des hélicos, renversent le dictateur de Centrafrique Bokassa et le remplacent par le conciliant David Dacko. Personne ne bronche. La France est intervenue dans la politique intérieure d'un État ? Bof ! Le terrible régime de Bokassa pillait le pays. Personne non plus ne prend garde au discret commando qui récupère des paquets d'archives dans le palais du dictateur. Deux semaines plus tard, le *Canard* publiait l'un de ces documents dérobés. On y apprenait que Giscard, à l'époque où il était ministre des Finances avait reçu une plaquette de diamants des mains de Bokassa. Un diamantaire d'Anvers l'évaluait à un million de francs et Giscard ne l'avait pas déclarée à la douane. Cela dépassa vite la dimension des petits cadeaux officiels, et quand *Le Monde* amplifia l'information, avec deux colonnes en une et deux pages intérieures, cela devint pour longtemps « l'affaire des diamants ». D'abord, Giscard ne daigna pas répondre à ces malveillances et joua à son habitude les méprisants. Pourtant le mal était fait. Les témoignages s'amoncelaient. Le *Canard* ne lâchait pas le président ni son clan. Il reproduisit un document où Bokassa ordonnait au responsable du Comptoir national du diamant de préparer une nouvelle plaquette de diamants pour Giscard, alors qu'il n'était président que depuis quelques mois. Le 16 janvier 1980, ce fut une lettre de son ministre des Finances à Bokassa, qui demandait les doubles des bons de commande et correspondances adressés au Comptoir national du diamant « concernant tant le président de la République que les personnalités françaises. » Bref, une avalanche de révélations qu'à l'Élysée on qualifia de fausses.

Qui avait déclenché l'affaire en livrant les premiers documents au *Canard ?* Un ancien haut fonctionnaire du ministère de la Coopération qui avait aussi appartenu au cabinet présidentiel de Bokassa. Il s'appelait Maurice Espinasse, et il connaissait bien les largesses du dictateur. Quant au second informateur, c'était Bokassa lui-même ; furieux d'avoir été congédié comme un laquais, retiré à Abidjan, le dictateur parla des diamants qu'il distribuait volontiers mais aussi des parties de chasse au gros gibier dont raffolait Giscard. Bref, il confirmait les liens de vassalité que la France entretenait avec ses anciennes colonies…

Le 13 mai 1981, le *Canard* s'ouvrait sur l'édito enthousiaste de Roger Fressoz : « Oui, dimanche c'était la fête. Comme un 14 juillet électoral. Cette joie spontanément éclose sur le pavé des rues, cette liesse soudaine, cette euphorie profonde après un si long accablement, ces cortèges, ces farandoles de gens heureux qui se congratulaient, qui voyaient la nuit en rose, tout ce bonheur d'un soir donne la mesure de l'espérance soulevée par la victoire de Mitterrand. »

Cela faisait vingt-trois ans que des millions d'électeurs attendaient la fin du monopole de la droite au pouvoir. L'alternance est enfin là, avec les socialistes qui proposent de changer la vie en appliquant leurs cent dix propositions. Le *Canard* est aux anges et le dit : « Déjà un scandale ! On va tenir des promesses. » Fressoz en rajoute : « Où va-t-on si les gouvernements se mettent à prendre leurs engagements au sérieux ? » En juin, des législatives anticipées donnèrent la majorité absolue au Parti socialiste. Le Premier ministre Pierre Mauroy, ouvrier et notable du Nord, fut aussitôt nommé « Gros-Quinquin » à cause de son origine et de son tour de taille. Il se mit à la besogne. Les mesures vite prises avaient une valeur symbolique autant que pratique : abolition de la peine de mort, suppression de la Cour de sûreté de l'État, régularisation de cent cinquante mille immigrés, disparition du délit d'homosexualité, autorisation des radios libres, lois Auroux sur le travail, lois Defferre sur la décentralisation. Mitterrand et Gros-Quinquin n'oubliaient pas le social. Ils nationalisèrent des grands groupes industriels et des banques, établirent le 39 heures hebdomadaires et la cinquième semaine de congés payés, abaissèrent la retraite à soixante ans, et tout cela devait être financé par un impôt sur la fortune, la lutte contre la fraude fiscale et le relèvement de quelques taxes. Ce beau programme ne dura pas. Le chômage s'emballa, on dut dévaluer trois fois la monnaie, ce fut le temps de la rigueur puis celui de l'austérité. La pression fiscale s'accrut. Il y eut très tôt des tensions.

Pendant cette lente glissade, Mitterrand se composa un profil de médaille, même si son nouveau surnom était plus familier que noble. On l'appela « Tonton ». Au départ c'était le nom de code que lui attribuèrent ses agents de sécurité, qui se répandit rue de Solférino chez les socialistes, mais ce fut le *Canard* qui reprit le sobriquet pour le généraliser. Les titres parlaient d'eux-mêmes : « Tonton en Israël : il est attendu comme le Messie » ; « Tonton, le premier parti de France » ; « Dévaluation : Tonton fais gaffe à ton franc parler » ; « L'art d'être Tonton » ; « Tonton s'expose en première ligne » ; « Petit Tonton Noël » ; « Tonton à l'oncle Sam : et sa sœur ? »… En deux septennats et deux cohabitations, l'une musclée avec Jacques Chirac l'intrigant, l'autre plus feutrée avec le vizir Balladur, Tonton eut le temps d'élever sa statue. Il y eut des affaires d'argent peu reluisantes, comme d'habitude, mais elles n'entamèrent pas trop son règne. Pas plus que les huit procès que Le Pen risqua, dont celui, très farceur, à propos de ses fesses. Le *Canard* l'avait surpris sur une plage en train de changer de maillot. Cent mille francs de dommages et intérêts, soit cinquante mille par fesse : c'était donné pour une rigolade nationale.

Le règne de Tonton, lui, ne fut pas une franche partie de rigolade, et il fut interminable. Professionnel de la manigance, roublard, sombre, romanesque mais secret, le souverain menait plusieurs vies de front ; les cercles qu'il avait constitués autour de lui ne se recoupaient jamais. Celui de ses amis d'antan restait le plus opaque, et celui de ses connaissances pour lesquelles il avait une gratitude *ad aeternam*, sans qu'on sût très bien pourquoi ; amitiés de stalag ou de Résistance ? Autour de lui gravitaient des personnages souvent peu reluisants, escrocs ou affairistes comme son très cher Patrice Pelat qui risqua de lui attirer des ennuis, ou René Bousquet, l'ancien chef de la police de Vichy surpris à sa table, qu'un illuminé qui avait de la mémoire tua d'un coup de pistolet. À la longue, le règne se resserra autour du seul monarque, qui s'enferma à l'Élysée comme Tibère à Capri. Les mystères dont il avait refusé de parler éclataient l'un après l'autre. Le cancer qu'on lui avait découvert dès son intronisation, longtemps caché par le mensonge des médecins, finit par se déclarer au grand jour, et, vers la fin, le malade s'entoura de charlatans et de marabouts. La fille qu'il avait longtemps dissimulée se retrouva en couverture de *Paris Match*, malgré les efforts des gendarmes de la cellule spéciale qui écoutait tout Paris pour savoir l'état des rumeurs et les moyens de les contrecarrer. Cette affaire des écoutes, que nia Mitterrand jusqu'au bout, eut toute sa place dans le *Canard*, de même que l'affaire du sang contaminé ou les malheurs d'Urba, une constellation de bureaux d'études qui taxait les entreprises pour financer des campagnes électorales socialistes. Afin d'ajouter du sang à la tragédie, un Premier ministre se tira une balle dans la tête un 1er mai, à Nevers, au bord d'un canal, tant il était déprimé par ses échecs et un prêt malencontreux qui ressemblait à un don. Puis son fidèle François de Grossouvre se suicida une nuit dans son bureau de l'Élysée : il se sentait abandonné. Lorsque Tonton mourut à son tour, après quatorze années de règne, Barbara Hendricks chanta *Le Temps des cerises*, place de la Bastille, en souvenir si lointain de la Commune de Paris.

Le *Canard* avait changé de ton. L'information était devenue sérieuse et les galéjades ne subsistaient que dans les titres. Finies les plaisanteries contre les calotins et les militaires, fini le pacifisme forcené, les journalistes du *Canard* voulaient être crédibles et le réalisme avait remplacé la loufoquerie des débuts. Même assagi dans sa forme, le *Canard* frappait tout de même où il fallait et sur qui le méritait. Les tocards et les menteurs étaient légion, et quand le journal traquait une proie, il ne la lâchait pas. Cependant, Moisan avait soupiré avant de disparaître que le personnel politique du jour ne valait pas celui d'hier, que sa dimension avait rétréci et qu'il n'était plus à la hauteur de ses dessins… Le public aussi, en s'élargissant, avait changé, et Roger Fressoz le savait : « Pendant toute une période, nos lecteurs ont été un peu nos complices. Nous faisions un journal un peu ésotérique, qui s'adressait à des habitués dans un langage convenu, avec des clefs que les lecteurs comprenaient d'emblée. Aujourd'hui, nous touchons un public plus large. » Il précisera : « Le *Canard* a changé d'échelle à partir du moment où il a été lu par plusieurs centaines de milliers de lecteurs. Comment répondre à l'attente de publics forcément hétérogènes, comment garder ces lecteurs aux attentes différentes ? Comment sauvegarder l'esprit du *Canard ?* Cela a toujours été mon obsession. »

Avant de rejoindre les forces de l'esprit dont il aimait parler, Mitterrand avait lâché une espèce de prophétie, tant il se sentait le dernier monarque :

« Après moi, il n'y aura plus que des comptables. » C'était vrai. Ses successeurs, quoi qu'il fût, n'étaient pas très jojos. Quand Chirac lui succéda, après avoir gambadé pendant des années aux portes de la présidence, on s'aperçut que son savoir-faire n'était que dans la conquête. Il avait le pouvoir et ne savait pas trop quoi en faire. Il entama son long et chaotique passage sur le trône par une bourde hautement comique : à la date où le monde entier célébrait le cinquantième anniversaire de la bombe atomique qui dévasta Hiroshima puis Nagasaki, il annonça la reprise des essais nucléaires dans le Pacifique. Tout le règne fut à cette aune et ne resta dans nos mémoires que pour des affaires de droit commun, des entourloupes assez grossières à propos des logements de la Ville de Paris, des électeurs fantômes de Jean Tiberi, de frais de bouche excessifs et des billets d'avion du couple Chirac. Le *Canard* a régulièrement rendu compte de cette actualité heureuse. Ainsi, en juin 2001, il révèle qu'à l'occasion d'une perquisition à Neuilly, dans une agence de voyages, les juges qui enquêtaient sur les marchés truqués des lycées d'Île-de-France découvrent de nombreux règlements payés en espèces par des chauffeurs de Jacques Chirac. Ils acquittaient ainsi les factures de vols et de séjours à l'étranger effectués entre 1992 et 1995 par le président, son épouse, sa belle-mère, sa fille et plusieurs membres de leur entourage. Les juges chiffrèrent à 2,4 millions de francs ces règlements, et devinèrent un lien entre cet argent liquide et les commissions occultes payées par des entreprises pour des attributions de marchés. « Des sommes qui font pschiiitt ! » dit l'intéressé goguenard, mais, finalement, il aura passé sa vie dans les palais nationaux ou chez de riches amis, sans débourser un sou de sa poche ou, peut-être, pour se payer de temps à autre un paquet de cigarettes. Il a toujours échappé à la justice, laissant les autres trinquer. Sarkozy le suivit à l'Élysée, il avait le même état d'esprit, et il était le chouchou des dessinateurs de presse comme Cabu, qui le croquait avec ravissement depuis des années, tant il s'était fait remarquer par ses coups tordus et son agitation. Sa première mesure fut d'alléger l'impôt sur les successions et l'impôt sur la fortune : il aimait l'univers des riches où il voulait se glisser, ce qu'il tenta dans la foulée en s'augmentant de plus de 200 %. Pour le *Canard*, ce fut un bon client. Mais le couple suivant, elle qui se présenta et lui qui l'emporta, Ségolène et François, minorèrent aussi la valeur de leur patrimoine, la villa de Mougins comme l'appartement de Boulogne. Le travail du *Canard* consistait à regarder à la loupe les faits et gestes de ces propriétaires de l'État. Gageons qu'on les oubliera. Même si vous avez des souvenirs de vos études, même si vous avez autrefois traduit Tacite au baccalauréat, ce qui devient rarissime, vous séchez sur les noms des successeurs de Néron, qui ont laissé peu de traces, même de leurs crimes. Galba, Othon et Vitellius ne vous disent plus rien. Demain, Chirac, Sarkozy et Hollande ne vous en diront pas davantage.

En attendant, lisez leurs exploits chaque semaine dans le *Canard* et éclatez de rire.

Table

DU MÊME AUTEUR

Fric-frac
Grasset, 1984

La Mort d'un ministre
Grasset, 1985

Les Mirobolantes aventures de Fregoli
racontées d'après ses Mémoires et des témoins
F. Bourin-Julliard, 1991

La Bataille
Grasset, 1997
Éditions Brumes de mars, 2009
et « Le Livre de poche », n° 14646

Il neigeait
Grasset, 2000
et « Le Livre de poche », n° 15264

Bernard Pivot reçoit… :
Breton, Camus, Céline, Cendras,
Cocteau, Malraux, Mauriac, Queneau, Sartre et Vian
Grasset, 2001

Comme des rats
Grasset, 2002
et « Le Livre de poche », n° 30021

L'Absent
Grasset, 2003
et « Le Livre de poche », n° 30306

L'Idiot du village
Fantaisie romanesque
Grasset, 2005
et « Le Livre de poche », n° 30835

Le chat botté
Grasset, 2006
et « Le Livre de poche », n° 31114

La grammaire en s'amusant
Grasset, 2007

Chronique du règne de Nicolas Ier
Grasset, 2008
et « Le Livre de poche », n° 31074

Chronique du règne de Nicolas Ier, Vol. 2
Grasset, 2009
et « Le Livre de poche », n° 31618

Chronique du règne de Nicolas Ier, Vol. 3
Grasset, 2010
et « Le Livre de poche », n° 32027

Chronique du règne de Nicolas Ier, Vol. 4
Grasset, 2011
et « Le Livre de poche », n° 32424

Comment se tuer sans en avoir l'air
Manuel d'élégance à l'usage des mal partis avec des ruses, des méthodes et des principes expliqués par l'exemple
Gallimard, Essais, 2011

Chronique du règne de Nicolas Ier, Vol. 5
Grasset, 2012
et « Le Livre de poche », n° 32872

Chronique du règne de Nicolas Ier, Vol. 6
Grasset, 2013
et « Le Livre de poche », n° 33320

Le Maître
Grasset, 2015
et « Le Livre de poche », n° 34053

François le Petit : chronique d'un règne
Grasset, 2016
et « Le Livre de poche », n° 34435

Le Canard enchaîné, 100 ans
Un siècle d'articles et de dessins
Seuil, 2016

Chronique d'une fin de règne
Grasset, 2017
et « Le Livre de poche », n° 34830

Le Canard enchaîné, 101 ans
Un siècle d'articles et de dessins
Seuil, 2017

Quand Dieu apprenait le dessin
Grasset, 2018

Les Aventures de mai
Grasset, 2018

Emmanuel le Magnifique
Chronique d'un règne
Grasset, 2019

RÉALISATION : NORD COMPO À VILLENEUVE-D'ASCQ
IMPRESSION : CPI FRANCE
DÉPÔT LÉGAL : NOVEMBRE 2019. N° 143206 (3035142)
IMPRIMÉ EN FRANCE